MŒURS RUSSES.

L'HERMITE
EN RUSSIE,

OU

OBSERVATIONS

SUR LES MŒURS ET LES USAGES RUSSES
AU COMMENCEMENT DU XIXᵉ SIÈCLE.

T. II.

PARIS, DE L'IMPRIMERIE DE PILLET AÎNÉ,
rue des Grands-Augustins, n. 7.

L'HERMITE
EN RUSSIE,

ou

OBSERVATIONS

SUR LES MŒURS ET LES USAGES RUSSES
AU COMMENCEMENT DU XIXe SIÈCLE;

Faisant suite

A LA COLLECTION DES MŒURS FRANÇAISES, ANGLAISES,
ITALIENNES, ESPAGNOLES, etc.

PAR E. DUPRÉ DE St-MAURE,

Chevalier de la Légion-d'Honneur, ex-Membre du Corps-Legislatif, ancien
Sous-Préfet, auteur d'*Hier et Aujourd'hui*, de l'*Anthologie russe*, etc.

Orné de Gravures et de Vignettes.

TOME DEUXIÈME.

A PARIS,

CHEZ PILLET AINÉ, IMPRIMEUR DU ROI,

ÉDITEUR DU VOYAGE AUTOUR DU MONDE,

RUE DES GRANDS-AUGUSTINS, N° 7.

1829.

L'HERMITE
EN RUSSIE.

COLONIES MILITAIRES.

—

> . . . . . Tels sont les vrais guerriers,
> Rivaux aux champs de Mars, amis dans leurs foyers.
> De Belloy, *Gaston et Bayard*, act. V, sc. 1.

Je me méfie des créations colossales; généra-ralement elles avortent, parce que plus elles sont grandes, plus les grands obstacles se hé-rissent autour d'elles. La sagesse est le ciment de toutes les institutions : le succès ne s'attache qu'aux proportions naturelles.

A l'époque où j'avais l'honneur d'être mem-bre du corps-législatif, Bonaparte nous disait d'un air de très-bonne foi : « Français! vous

II.   I

êtes encore réservés à de grandes choses, beaucoup de gloire vous attend. » Comme cette gloire dont il nous menaçait était déjà pour nous le pâté d'anguille, comme ses aigles couvraient de leurs ailes, trop étendues, les murs du Vatican, les clochers de Varsovie, et les plaines des deux Castilles, ces brillans présages ne flattaient plus notre orgueil national. Faute d'y croire, nous restions modestes en les écoutant.

Lorsque cette gigantesque majesté noyait 80 millions dans l'Alexandrie piémontaise, je ne pouvais croire que les murs de cette ville seraient un des boulevarts de la France, et quand j'écrivais à un prince de la ville aux sept collines, je n'eus jamais la présomption d'apposer sur l'adresse : *A Rome, France, département du Tibre ;* ce département ne me disait rien de bon. Quand Pierre III, se passionnant pour le régime militaire du grand Frédéric, *prussiannisait* toute son armée, les sages du pays se disaient tout bas : « Ne nous pressons point d'admirer, ces petits chapeaux s'agrandiront, ces habits-vestes s'allongeront, nous couperons ces énormes queues ; nos exercices redeviendront russes : tout ce que nous voyons est une affaire de mode ; attendons. »

Moi aussi, j'attends avant de me passionner pour ou contre les colonies militaires.

Les prédécesseurs d'Alexandre ne songèrent point à former de pareils établissemens ; cette idée bizarre ne fut suggérée par aucun des ministres ni des généraux qui illustrèrent leur pays. La victoire décisive de *Pultawa* avait affermi la puissance de ce grand empire. Depuis un siècle le territoire moscovite se reposait des invasions ; la guerre se portait au loin. La Turquie, la Crimée, la Pologne, la Suisse, l'Italie et la Hollande, virent flotter tour à tour les étendards russes. L'an 1812, de funeste mémoire, renouvela, pour les contrées septentrionales, ces fatales irruptions qui les remplirent de deuil pendant les treizième, quatorzième et quinzième siècles. Cette fois l'orage venait de l'Occident ! Cinq cent mille chrétiens, entraînés par un soldat heureux jusqu'alors, se précipitèrent vers Moscou. Cette belle armée se fondit sous les influences du climat, et cependant trois nouvelles campagnes succédèrent à sa destruction, qu'on avait cru décisive. L'agonie militaire d'un grand général ne peut qu'être convulsive et lente.

Les Russes, dans l'ivresse même de leur

joie, se rappelèrent qu'une de leurs capitales venait d'être envahie : le génie de la guerre fermenta au sein des loisirs de la paix; on chercha des garanties pour l'avenir, et le système des colonies militaires prit naissance. Ainsi, nous devons envisager cette création comme le résultat de la campagne de 1812. Bonaparte colora son ambition du prétexte spécieux d'affaiblir la redoutable puissance du Nord; si les colonies doivent contribuer à l'augmenter, l'Europe ne devra s'en prendre qu'aux étranges conceptions de cet étrange souverain. Sous tous les rapports son but fut manqué.

Au surplus, l'avenir seul peut démontrer à quel point on doit s'inquiéter de cette innovation; cette question se dérobe aux calculs présens.

Les feuilles anglaises ont ridiculement exagéré, ce me semble, l'importance des colonies militaires; l'écrivain périodique n'éprouve aucune résistance; papier, plume, chiffres, presse et compositeur, tout lui obéit servilement; sa pensée est plus rapidement exprimée que les ordres les plus absolus ne sont exécutés. Les journalistes de Londres vont donc fort vite en besogne, et les Anglais, toujours sur le *qui vive*, jettent le premier cri d'alarme au premier pas d'un autre peuple vers une grande création.

Généralement les colonies ne sont envisagées hors de la Russie que sous le point de vue militaire, et nullement sous le rapport agricole. Beaucoup de gens ignorent que l'installation d'un régiment sur le terrain qu'on lui assigne, doit s'acheter au prix des plus durs labeurs, tels que dessication de marais, abattages de bois, défrichemens, etc., etc. Il faut que les soldats triomphent du sol avant d'y établir leur demeure. Or, il est souvent moins facile de dompter la nature que de vaincre une armée. Plusieurs motifs déterminèrent l'empereur lorsqu'il adopta le plan qu'il caresse ; progrès de l'agriculture, civilisation physique du pays, moralité de l'armée, diminution progressive de l'impôt du recrutement, qui pèse sur la propriété foncière, puisque les paysans sont attachés à la glèbe ; espoir de réduction dans les dépenses de l'armée, telles furent les expectatives brillantes dont on berça le souverain. Il est certain que la pensée de l'économe politique s'arrête avec tristesse devant d'excellens ter-

rains sans culture ou sur des forêts inaccessibles
à la cognée du bûcheron, parce qu'elles sont
marécageuses, et que pas un sentier n'y est
frayé. La disette qui désola plusieurs provinces
dans ces dernières années prouve la nécessité
de livrer à l'agriculture des terres sans valeur
et sans produits. Les moines russes se montrèrent conquérans agricoles comme le furent ceux
du midi de l'Europe; mais la sécularisation des
biens du clergé, ordonnée par Catherine II, pa-
ralysa leurs exploitations; terres et paysans,
tout leur fut enlevé; les travaux des guerriers,
devenus oisifs par la paix, pouvaient seuls suppléer à l'industrie des moines, et l'obéissance
militaire remplacer la persévérance des ordres
religieux : c'est ce qu'on a fait, et voilà le beau
côté de la chose.

Les terrains occupés par les colonisations appartiennent à la couronne; quelquefois des convenances de localités commandent l'achat de
terres voisines; c'est ainsi qu'on est parvenu à
une agglomération indispensable au succès de ces
grands établissemens.

Quand la construction des bâtimens destinés
à recevoir un bataillon est achevée, on organise

le transport des paysans de la couronne, qui doivent former le noyau du bataillon propriétaire ; les affections de famille ne sont point froissées par ce déplacement. Le jeune paysan, qui va devenir militaire en restant agriculteur, mène avec lui son vieux père, sa mère, sa femme et ses enfans, s'il est marié. Les deux autres bataillons, pris dans l'armée pour compléter le régiment, deviennent les hôtes du premier : tous s'occupent simultanément du défrichement des terres qui sont assignées à la subsistance du corps.

Toutes les maisons sont en bois ; chacune d'elles contient quatre familles. Au dessus de leur logement est une grande chambre, habitée par huit soldats ; ces bâtimens sont construits sur un plan uniforme.

Ils sont séparés par la grande route d'un jardin potager à l'usage de chaque maison ; ce jardin porte un numéro, et on l'entoure d'un fossé pour éviter les anticipations.

Le principal corps-de-logis a une grande cour, au fond de laquelle sont placés les écuries, granges, étables, greniers, etc., etc. Derrière est une rue très-large, qu'on nomme la *voie rurale* : elle est destinée au passage des voitures du travail champêtre.

Après cette rue, on a laissé un terrain vague pour de nouvelles constructions en cas de besoin, et dont l'emploi sera laissé aux habitans de la maison, sur une demande motivée. Enfin, derrière cet emplacement sont les champs de culture, divisés exactement en portion de terrain que peut exploiter chaque famille. Tous les bâtimens sont séparés l'un de l'autre, et chaque compagnie l'est aussi par un intervalle de quelques toises. Un bataillon se compose de quatre compagnies, et le village militaire de soixante-dix maisons. L'emplacement de chaque compagnie occupe une longueur de trois werstes, ce qui en donne douze par bataillon (à peu près trois lieues).

Les paysans, devenus soldats, donnent deux jours par semaine aux exercices militaires ; les deux bataillons non propriétaires partagent leurs travaux agricoles ; ainsi, tout le régiment est cultivateur.

Chaque corps possède des ouvriers de toutes les industries qui lui sont nécessaires, tels que boulangers, serruriers, charpentiers, menuisiers, tapissiers, cordonniers, tailleurs, charrons, maréchaux-ferrans, etc., etc. Les fils de soldats sont envoyés dans des villes de gouvernemens pour faire leur apprentissage.

Plusieurs grands bâtimens sont destinés à l'état-major de chaque régiment; là se trouve le logement du colonel et des officiers supérieurs du corps, l'église, la salle d'exercice pour l'hiver, les greniers d'abondance, l'hôpital, un restaurant, qui est le rendez-vous général des officiers, et qui renferme une bibliothèque où se trouve une table pour la lecture des gazettes. C'est dans cette maison que descendent les étrangers : tous ces bâtimens sont en brique. On m'a dit que ce mode de construction vient d'être adopté pour les maisons de soldats; cela doit augmenter énormément les frais, mais la solidité dédommagera de ce nouveau sacrifice.

Au centre des compagnies, il y a une place d'armes pour les manœuvres d'été, un corps-de-garde, une chapelle, et un logement pour le pope et les sous-officiers.

Il est facile de juger, par cet aperçu, que tout est espacé, aéré, et que rien ne fut ménagé pour la salubrité publique. On pousse la recherche jusqu'à creuser des canaux pour l'écoulement des eaux pluviales et la fonte des neiges.

Les régimens colonisés sont placés dans l'ordre suivant :

Le régiment *** ;

Celui du roi de Prusse ;

Le régiment du prince héréditaire de Prusse ;

Celui de S. M. l'empereur d'Autriche.

Ces divers corps sont à la suite l'un de l'autre, et occupent un espace de soixante werstes de longueur.

Le gouvernement de Mohiloff a aussi ses colonies militaires ; celles pour la cavalerie sont sur les bords du *Pruth*. On croit généralement que toutes ensemble s'élèvent à quatre-vingt mille hommes ; mais je pense qu'il est difficile à aucun voyageur de déterminer le nombre avec certitude.

Il est aisé de voir que les colonisations s'opèrent bien moins rapidement qu'on se plaît à le dire. Quelle que soit la quantité de bras, le défrichement absorbe beaucoup de tems. Par exemple, sur les rives du Volkoff, que les forêts ombrageaient, on recula les bois à la dis-

tance de dix werstes du fleuve. On brûle les
arbres aux pieds pour hâter le travail; le feu
consume aussi les souches; mais que de jours
doivent s'écouler depuis l'abattage de la forêt
jusqu'à la première moisson ! On ne cite encore
qu'un seul régiment de la colonie de Novgorod
qui soit en pleine jouissance de son terrain.

Je viens d'esquisser, tant bien que mal, ce
nouveau théâtre militaire s'élevant sur l'horizon
du nord ; je fais grâce au lecteur de tout ce qui
se passe derrière la toile. Une aussi grande innovation, militairement opérée, entraîne toujours des abus et des violences : cette transla-
tion des paysans, arrachés à leur village et au
toit natal pour tenir la houlette d'une main et le
fusil de l'autre, n'est pas sans amertume. Rien
ne me paraît plus dissonant que le mélange du
bruit des armes et de la paix des champs. La-
bourer le matin, et faire l'exercice le soir,
passer subitement de l'étable au corps-de-garde,
apprendre, en même tems, l'art de nourrir les
hommes et l'art de les tuer, voilà de ces allian-
ces que le cœur et la raison semblent repousser
également. Je ne voudrais pas jurer que de
tant d'efforts il ne résultât ni bons soldats ni
braves laboureurs.

L'improvisation d'une multitude de mariages obligés, entre les soldats et les filles des paysans enrégimentés, n'est pas le moindre des inconvéniens qui s'attachent à cette création. Les officiers chargés d'organiser *les accords* se donnent probablement fort peu de peine pour étudier les étincelles sympathiques. Jamais l'hymen ne dégénéra plus en billets de loterie. Les époux n'étant point choisis par les filles, mais *imposés*, ces unions sont simplement un peu moins brutales que celles provenant de l'enlèvement des Sabines. On dit pourtant qu'une sorte d'harmonie préside à cette confusion. Un officier supérieur des colonisés, invité à une fête de famille qu'on donnait dans le voisinage, répondit : « Impossible, demain le régiment se marie ; je suis le *père assis* d'un millier d'époux ; le moyen de m'absenter ! » On conviendra que ceci est encore plus fort que Figaro purgeant toute une garnison.

J'ai vu peu de Russes ne pas faire la grimace quand je leur parlais des colonisations. L'un d'eux me disait : « Cette création plaît à l'empereur ; mais qui nous assure qu'elle ne déplaira point à un de ses successeurs ? Dès lors quelle utilité retirerons-nous de tout ce remue-

ménage, qui coûte des sommes immenses? Pierre-
le-Grand battit les Suédois, Catherine triom-
pha des Turcs, sans le concours de soldats colonisés. »

Somme totale, la question reste flottante.
Les colonies militaires sont-elles un mal présent pour un bien futur? c'est ce qu'ignore
même leur fondateur. Si la Russie ne retire pas
l'intérêt de son argent et de ses hommes, les
prôneurs et les censeurs de cette création diront, avec une égale assurance : « Nous avions
toujours pensé que cela ne réussirait point. »

— N° XXXI. —

LE LUXE ET LES TROUSSEAUX.

—

> Le luxe, ami de l'oisive mollesse,
> En signalant parmi nous sa souplesse,
> Introduisit par cent divers canaux
> La pauvreté, le plus dur de nos maux.
>
> J. B. ROUSSEAU, *Allégories.*

Un matin, une dame inconnue se présenta chez moi ; sa mise, la timidité de son maintien et son ignorance de notre langue, nous causa mutuellement de l'embarras ; cette personne était une énigme difficile à deviner sans trucheman.

Etait-ce une quêteuse de société, ou la femme d'un acteur russe offrant une loge pour une représentation à bénéfice ? Elle était coiffée d'un chapeau de satin rose couvert de marabous ; sa redingote, de gros de Naples lilas, était garnie d'une blonde dans le haut, et de trois rouleaux de satin dans le bas ; des gants de même couleur que la robe, des brodequins et un beau schall anglais complétaient l'élégant négligé.

Cette beauté mystérieuse ne s'assit qu'à moitié dans le fauteuil que j'eus beaucoup de peine à lui faire accepter. Enfin, notre Adélaïde rentra ; comme elle est plus habile que ses maîtres dans la langue du pays, tout s'expliqua. L'inconnue exposa avec un organe fort doux le motif de sa visite, et nous tombâmes des nues lorsque la femme de chambre nous dit que cette dame était une fille de service, faisant médiocrement la cuisine, mais lavant bien le linge et les planchers. Ayant appris que nous changions de cuisinière, elle venait s'offrir ; ma femme la remercia et la congédia. Nous rîmes beaucoup du soin qu'elle avait pris de s'attiffer ; car toute sa parure semblait nous dire : « Ne me prenez pas. »

Singulier pays ! il n'en existe point où l'homme soit aussi loin de l'homme, et où cependant toutes les classes se confondent plus dans le même vêtement. Je me promène aux allées de l'Amirauté ; j'aperçois un essaim de femmes. Les soieries, les chapeaux ornés de plumes, de blondes ou de fleurs, les ombrelles chinoises, les percales brodées, tout cela m'éhlouit. Je vais trouver, dans ces groupes, quelques visages de connaissance, quelques-unes des jolies danseuses du bal que donnait la veille M. le comte *Litta*. Je m'approche; grand Dieu! quelles tournures ignobles! quels pieds énormes! quelles figures communes! L'une est notre blanchisseuse, l'autre une ouvrière en linge; celle-ci la sixième femme de chambre de la princesse Barbe, cette autre la fille de mon *dvornik*, et cette grosse blonde, qui relève son voile de gaze verte, nettoyait hier les vitres des dames allemandes logées en face de nous.

Grâce à l'usurpation de ce luxe, on ne trouve point en Russie ces jolies grisettes ravissantes de propreté et de gentillesse, jalouses d'une simplicité de costume qui, en les classant, les rend mille fois plus piquantes. Connaissez-vous rien de si choquant qu'un amas de parure sur un corps vulgaire qui semble la repousser? Cette disparate fait mal aux yeux et blesse la raison; elle gâte aussi l'aspect des promenades et nuit à l'harmonie générale. Il n'est pas aisé de distinguer la véritable élégance de ses grotesques imitations; c'est une égalité choquante sur la terre encore classique des inégalités.

Mais ce désordre est plus que ridicule ; il donne matière aux réflexions les plus affligeantes. Comment toutes ces filles, dont les gages sont si misérables, peuvent-elles atteindre le prix des objets de modes triplés sur ceux de Paris ? ce ne peut être qu'aux dépens des mœurs ou de la probité. Et que deviennent-elles, lorsque la jeunesse n'est plus là pour suppléer à la modicité des gains légitimes ? Quel est le garant de l'avenir, lorsque cet amour effréné de la toilette étouffe tout sentiment de prévoyance ? Je serais bien embarrassé de le dire ; c'est un secret de famille ; car il y a ici très-peu de mendiantes. Peut-être l'eau-de-vie, dont les femmes du peuple usent largement, tranche-t-elle la difficulté ; peut-être la mort a-t-elle, pour le plus grand nombre, le mérite de l'à-propos, en les atteignant la veille de la misère.

Beaucoup de gens assurent que cette burlesque somptuosité des filles du peuple règne dans tous les pays du Nord, et particulièrement en Allemagne, où ce bouleversement des convenances sociales porte une atteinte funeste aux bonnes mœurs. Les philosophes anciens disaient avec conviction : « Le luxe est la plaie des

états. » Les nôtres traitent ce principe de ra-
dotage. Tout homme qui s'avisera de le citer
dans nos salons passera pour un diseur de lieux
communs. Il y a des MM. *Josse* qui prononcent
sèchement que le luxe populaire est une source
de vertus et de félicité : *c'est qu'ils sont orfè-
vres. Faire et laisser faire*, voilà la devise dominante ; cette morale toute bénigne n'a pas trop
mal dérangé le monde ; peut-être verrons-nous
mieux encore ; elle est soutenue par d'habiles
et obstinés professeurs.

Ici, où les excès de la civilisation n'ont pas
eu le tems de prendre racine, de bonnes lois
somptuaires pourraient encore ramener les classes du peuple à l'esprit de leur état et à plus de
bonheur ; elles désabuseraient les filles de service des plumes et des *spencers* de velours. Cette
gloire modeste, mais utile, sera peut-être recherchée, dans l'avenir, par un Charlemagne
russe.

Ce luxe démesuré des femmes du peuple se
retrouve aussi parmi les dames de haut parage ;
il y a même chez ces dernières, quoique riches,
une affectation peu raisonnable ; elles aussi sui-
vent les modes françaises, mais avec une exac-

titude fanatique ; peut-être même y attachent-elles plus d'importance que nos Parisiennes. Toutefois, comme il est plus aisé d'avoir du luxe que du goût, il y a des merveilleuses dont la mise est plus riche qu'élégante ; leur travers est d'outrer la mode. S'il est vrai que Pétersbourg soit la ville la plus française après Paris, elle n'en est pas moins une ville de province. Ainsi, malgré le *Journal des Modes*, les petites poupées et les instructions bien précises, on tombe quelquefois dans l'exagération.

Lorsqu'en 1819 je quittai notre grande ville, les robes se posaient sur le bord de l'épaule ; ici je les trouvai, en grande partie, descendant sur l'avant-bras ; c'est sacrifier le bon goût pour rendre le vêtement aussi disgracieux qu'incommode. Cette manière de s'habiller ou de *se déshabiller* ne pouvait convenir qu'au costume antique, parce que les draperies et l'absence d'emmanchures laissaient aux mouvemens toute leur souplesse et leur liberté. Je rends justice au sentiment de pudeur qui préside à la coupe du devant des corsages ; mais je me demande pourquoi il ne s'étend pas aux épaules qu'on laisse démesurément nues ; c'est manquer de *logique*

et nuire à l'harmonie. Il faut en convenir, la co-
quetterie expose quelquefois les femmes de tous
les pays à de faux calculs. Les belles épaules
sont encore plus rares que les beaux visages ;
il y a mille façons de les avoir déplaisantes ;
elles sont trop plates ou trop saillantes, trop
maigres ou trop fortes, sans compter les jaunes,
les noires, les rouges, les marbrées, etc., etc.
Pourquoi ne pas cacher un peu ce qui est mal,
quand il n'y a point obligation d'en faire pa-
rade ?

Sauf ces légères critiques, les dames russes
sont les femmes qui rivalisent le mieux avec l'élégance des nôtres ; leur vêtement offre même
plus de magnificence et une fraîcheur plus soutenue ; cela tient à plus de fortune et à moins de
raison. En France, les hautes classes reçurent
les hautes leçons du malheur ; elles font succé-
der un esprit d'ordre et d'économie à la frivo-
lité du dix-huitième siècle. Une simplicité noble
est devenue une chose de bon goût ; et, s'il est
encore des folles qui conspirent avec la coutu-
rière, la modiste et le joaillier, contre la fortune des maris, ce n'est pas trop chez nos grandes dames qu'il faut les chercher.

Ici, grâce au ciel, on est encore vierge de révolutions. Les femmes n'ont donc pas les mêmes motifs d'être raisonnables. Chacune dépense tout ce qu'elle peut, et souvent davantage ; c'est moins leur faute que celle de l'éducation et des habitudes. Les petits bals d'enfans, qu'on aime de passion, offrent, en miniature, tout le luxe des grands bals. Ainsi, l'amour de la parure grandit avec les jeunes filles. A dix-sept ans, elles sont *présentées*, vont dans le monde, et dès lors leurs atours coûtent plus cher que ceux de leurs mères. Puis on pense à se marier; faut-il bien que le trousseau renchérisse sur la magnificence habituelle, et toute sa vie on veut rester au niveau de ce trousseau qui excita l'admiration générale.

Lorsque chez nous on s'occupe de cette grande affaire, les parens consultent plus ou moins leurs facultés ; mais ici *on a la ville*, *la cour à contenter;* ce n'est pas peu de chose. La vanité, plus encore que la tendresse, commande, choisit, achète et réunit, dans un même lieu, tout l'attirail d'une jeune promise. Plus de six cents personnes viennent y apporter leur curiosité et une attention minutieuse. Rien n'échappe aux regards scrutateurs de celle qui se maria l'an passé, et de sa sœur qui veut se marier l'an prochain. Il faut que chacun dise en rentrant chez soi : « C'est magnifique, admirable! les choses les plus nouvelles, les plus recherchées! allez donc voir ce trousseau. » Et pendant quinze jours, ce trousseau devient l'inépuisable sujet des conversations. Quelle victoire! quel triomphe! Mais laissons à la porte cette philosophie intempestive, et entrons dans le temple!

Ah bon Dieu! les six grand'mères des générations précédentes ne consommèrent point, dans l'espace de trois siècles, les vêtemens étalés sur ces tables et accrochés à ces paravens. Tout ce qu'il y a de plus brodé, de plus garni de dentelles, de plus beau en batiste, mousseline, toile de Frise et de Hollande, en riches bonnets de point, en blondes, en étoffes de soie, velours et satin, en robes de cour et de bal, en chapeaux garnis de fleurs ou de plumes, se trouve ici. L'industrie humaine et la bourse paternelle s'épuisèrent à l'envi pour assurer le triomphe de la jeune épouse et préparer le martyre de l'époux. Voyons un peu de ce côté; ce sont les schalls rangés d'après l'échelle formidable des prix, depuis la modeste valeur de cinq mille roubles jusqu'à celle de trente mille. Bon Dieu! quelle somme! elle doterait la fille d'un campagnard limousin! Je voudrais bien qu'on pût m'expliquer comment une enveloppe indienne peut s'élever si haut. Je tiens ce schall, je le retourne, je l'examine dans tous les sens ; la filature, le tissu, les palmes sont admirables , les coins très-beaux, les oiseaux nuancés des plus brillantes couleurs, la double bordure large et de bon goût ; je puis arriver à l'évaluation de dix mille roubles; mais les autres vingt mille échappent à mon intelligence; impossible de les retrouver.

Cette quantité de bougies fait briller de mille feux l'écrin posé près des schalls, aigrettes, épis montés, diadème, beaux fermoirs, rang de perles, boucles d'oreille, agraffe de ceinture et d'épaulette, bagues, sévigné, talisman, enfin, collection complète de bracelets. Ces derniers bijoux, qui doivent enchaîner la promise, sont d'une telle largeur, qu'ils pourront gagner le coude ; c'est une sorte de brassard. Plus d'un fichu de blonde sera mis en pièces par ces jolis bracelets.

Toutes ces parures sont de bon aloi ; rien de faux ne les dépare ; il y a exclusion de chryso-colle, de pierres fausses et de perles romaines ou anglaises. Le saphir , l'améthyste, l'émeraude, l'opale , la turquoise et les brillans , peuvent soutenir hardiment toutes les épreuves : dans les choses de cette importance , on ne s'avise jamais de tricher.

Venez maintenant avec moi dans la chambre nuptiale ; son ameublement est encore à la charge des parens de la jeune promise ; c'est une règle invariable. Voyez cette grande table de toilette à glace tournante ; elle est incrustée d'orne-mens en argent, et couverte de vases de même métal. Regardez ce lit fastueux ; il est si large qu'il pourrait contenir cinq ou six personnes. Le couvre-pied et les carreaux sont de la plus belle dentelle doublée d'un transparent en satin rose ; s'il ne coûte que quinze mille roubles, c'est un bon marché. Les rideaux sont en *quinze-seize* , pareils à la tenture de la chambre ; cette tenture est montée à larges tuyaux ; on n'a pas plaint l'étoffe. Voici la table à..... le nom m'échappe. Quel déluge de colifichets ! quel amas de jolies inutilités ! C'est là que , chaque mois, on amoncèle les nouveautés en cristaux, porcelaines, nacres, petits bronzes, etc., etc. Il y a de ces précieux riens qui valent plus de quinze mille. roubles. Les promises peuvent, sans blesser les bienséances, se parer des cadeaux du promis avant le mariage et immédiatement après les fiançailles. Rien n'est plus rare que la rupture de ces premiers engagemens. La douceur des rapports de famille n'admet guère les mariages forcés.

Dans l'une des encoignures de l'appartement. on voit l'armoire des saintes images; elles étincellent d'or et de pierreries. Une lampe éternelle brûle devant ce monument de la piété.

Voilà tout ce que je puis dire sur les trousseaux russes; j'en ai admiré une demi-douzaine, et il me serait très-impossible de varier mes descriptions. Le nombre des objets est à peu près le même pour tous; il n'y a de différence que dans la valeur intrinsèque. Celui dont je parle était estimé à deux cent cinquante mille roubles, sans compter les diamans et bijoux. Fatigué d'admiration et mourant d'envie de dormir, je quittai ce temple de l'hymen. Tout en philosophant sur les vanités de ce monde, je

m'égarai dans d'immenses corridors mal éclai-
rés. Je ne sais ce que je devins, mais bientôt je
reconnus, à la faible lueur d'une lampe, que
j'étais entré dans une chapelle de famille. Quelle
fut ma surprise en voyant sortir d'un des coins
de la nef un fantôme qui, d'un pas grave, s'a-
chemina vers le grand escalier. Remis de mon
premier trouble, j'eus le courage de suivre cet
habitant de l'autre monde. Mais au lieu de voir
un revenant dans le costume *de rigueur*, je
vis une petite vieille femme, richement vê-
tue, et s'appuyant sur une canne à pomme
d'or. Arrivée devant le grand appartement,
elle ouvrit brusquement la porte et s'avança
au milieu de la famille. Le prince Fédor,
qui n'est pas timide, s'écria : « *Schto! drasti
matrona Iwanovna!* et oui, parbleu! c'est elle;
c'est la sœur de mon trisaïeul; sa ressemblance
avec le portrait de la chambre cramoisie est parfaite; oui, vous dis-je, c'est notre tante qui
vient admirer le trousseau de son arrière petite-
... — Dites plutôt que je viens le regarder
en pitié, répondit *matrona Iwanovna*. Faites-moi
la grâce de m'apprendre, mon cher neveu, si
notre famille est montée sur le trône des czars

depuis que je suis décédée ; mais, que dis-je ? nos plus grandes czarines n'eurent jamais , en se mariant, la vingtième partie de cet amoncellement de colifichets. Par ma foi, c'est une vraie misère que cette somptuosité ; cela me donne de terribles craintes sur l'article du nécessaire et de l'utile. On ne peut pas suffire à tout. Quand ces pauvres marchands seront-ils payés de leurs avances? Savez-vous, ma nièce, de quoi se composa mon trousseau , moi, l'une des plus riches héritières? de trente beaux chevaux, d'un lourd service en argent, de bon linge, dont cent paires de drap en fine toile de Hollande, et de trois belles robes bien fortes et solidement brodées en or et argent. Vous voyez encore sur moi celle que je portai le jour de mes noces ; je l'ai mise pendant cinquante années, et je pourrais encore m'en faire honneur si j'habitais ce monde, ce dont Dieu me préserve , puisque tout y marche sens dessus dessous. Ne vous voilà-t-il pas vêtu en jolie marionnette , monsieur mon neveu, avec cet uniforme écourté et cette taille de guêpe ? Qu'avez-vous fait de la belle barbe qui donnait un air si noble aux boyards de notre famille? fi! rougissez-vous donc du costume de vos ancêtres? Et vous ma nièce, mère d'une fille de vingt ans, n'avez-vous pas honte de tous ces brimborions dont vous êtes attiffée? espérez-vous, par hasard, qu'on se trompe sur les dates, et que votre visage reste toujours jeune? Je ne connais plus rien à ce qui se passe, et vous me semblez tous plus extravagans les uns que les autres. J'ai mal fait de quitter ma tranquille demeure; le souvenir de vos folies va m'y poursuivre. Adieu tous; *j'ai voulu voir, et j'ai vu.* » Alors le prince Fédor essaya de la retenir. « De grâce, ma tante, s'écria-t-il, donnez-nous au moins cette soirée, pour la singularité du fait; votre sagesse..... » Mais la vieille matrona s'évapora, et je me réveillai dans mon lit, tout étonné de la vision qui avait troublé mon sommeil, et qui me rappela la scène de Mme *Pernelle.*

— N° XXXII. —

MARIAGE ET BAPTÊME.

—

> Quand on songe que le mariage est le piveau sur lequel roule toute l'économie de la société, peut-on supposer qu'il soit jamais assez saint, et peut-on trop admirer la sagesse de celui qui l'a marqué du sceau de la religion?
>
> *Génie du Christianisme.*

> Une famille pleine de joie l'environne ; elle renonce pour lui au péché ; elle lui donne le nom de son aïeul, qui devient immortel dans cette renaissance, perpétuée par l'amour de race en race.
>
> *Idem.*

Les Allemands, dit-on, pleurent aux noces, et ne manquent point de gaîté aux enterremens. Cette bizarrerie étonne d'abord ; mais, en réfléchissant, on y trouve un grand fonds de philosophie et une véritable appréciation des choses de ce monde.

En effet, rien ne porte aux idées sérieuses comme le spectacle d'un mariage. J'assistai

à celui de la jeune comtesse Adèle de Modène, demoiselle d'honneur. En arrivant avec
ma femme, nous trouvâmes la promise entourée
de ses sœurs et de ses amies; son regard était
pensif, ses paroles rares, et son accent plein
d'émotion. Cependant elle épousait un homme
de son choix; mais il y a quelque chose de si
solennel dans cette grande époque de la vie!

Cette inquiétude vague que ressentait Mlle de
Modène est le partage d'une belle ame. Elle
allait quitter des parens adorés, un bonheur
réel pour une félicité incertaine; elle devenait
membre actif de la grande famille. En accep-
tant les avantages d'une nouvelle position, elle
contractait des obligations nouvelles, des devoirs moins faciles et plus étendus. Jusqu'alors
elle vécut seulement pour être aimée et pour
aimer; d'autres soins l'attendent, un autre horizon, un autre toit. Au moment de cette séparation du foyer paternel, le cœur le plus pénétré d'espérance et d'amour ressent un malaise
indéfinissable; c'est un tribut de reconnaissance
et de tendresse filiale; c'est un dernier regret
donné à l'innocente vie de la jeunesse.

A sept heures, la comtesse fut se couvrir de

la robe nuptiale; toutes ses jeunes compagnes la suivirent pour aider à sa toilette. Chacune d'elles voulait poser une épingle : cela porte bonheur. Bientôt après, M. et Mme de Modène se rendirent dans l'appartement de leur fille, qui, restée seule, attendait leur bénédiction; c'est alors qu'une mère et un père laissent échapper ce cri du cœur si doux et si déchirant à la fois ; car il est l'expression du regret et de l'espérance. Dans toute la vie d'une femme, il y a peu de souvenirs plus touchans que celui de ce moment solennel. En revoyant ces trois personnes si profondément émues, je me rappelai cette pensée de Mme de Genlis : « Une mère qui n'a pas marié sa fille ne sait point combien elle l'aime. »

Dans toute la soirée, le promis ne se montra point ; je trouvai cette réserve de bon goût : c'est une touchante délicatesse que de laisser ainsi celle qu'on aime uniquement livrée à la piété filiale : le tableau d'un autre amour nuirait à la pureté de ce noble sentiment.

Enfin, nous montâmes à la chapelle. La célébration se faisait dans le palais de leurs altesses le grand duc et la grande duchesse Nicolas *; ce prince et son auguste épouse daignaient remplir les fonctions de père assis et de mère assise du jeune couple; ce terme ne rend pas du tout l'expression russe qui est intraduisible. Autrefois, les pères et mères n'assistaient pas plus au mariage de leurs enfans qu'à leur baptême (cet usage se conserve encore chez le peuple); le père et la mère assis sont leurs représentans. Jamais mot ne fut plus mal trouvé, puisque, dans le rit grec, on ne s'asseoit point dans les églises.

Quand nous entrâmes dans la chapelle, le clergé, ainsi que les parens, étaient réunis. A neuf heures, leurs altesses impériales, les père et mère, les *promis* arrivèrent, et la cérémonie commença.

Au milieu de la chapelle, en face de la porte sainte, était une grande table sur laquelle on avait posé le saint Evangile et une image nouvellement bénite pour être placée dans la chambre nuptiale.

Après les premiers chants, deux acolytes mirent un tapis à une légère distance de la ta-

* Aujourd'hui empereur et impératrice de Russie.

ble, et les deux époux s'avancèrent pour répondre au célébrant. On prétend que le premier des deux qui pose le pied sur le tapis sera le maître dans la maison. Les demoiselles ne manquent guère de se hâter. Cependant, je ne me suis point aperçu que la comtesse Adèle songeât à assurer ses droits ; tous deux l'occupèrent en même tems, ce qui est d'un bon augure pour l'harmonie du ménage.

Les demandes et les réponses sont à peu près les mêmes que chez nous, ainsi que l'échange des anneaux ; mais j'ai été charmé d'une pratique dont l'allégorie est aussi ingénieuse que touchante. Le pope a pris, sur un plateau, une coupe remplie de vin, et l'a fait boire alternativement aux époux : c'est l'engagement tacite de tout partager dans le voyage difficile qu'on entreprend. Cette idée se reproduit encore dans une promenade faite trois fois autour de la table par les époux ayant leurs mains enlacées.

Je n'oublierai jamais l'expression de douceur et de pureté virginale qui régnait sur la figure et dans toutes les poses de Mlle de Modène ; son front portait l'empreinte d'une émotion aussi tendre que religieuse. En la regardant, il était impossible de ne pas faire des vœux pour son bonheur.

Après le mariage, nous vîmes leurs altesses impériales verser des larmes en embrassant l'heu-reuse famille. Madame la grande duchesse em-brassa aussi toutes les femmes présentes. Cette simplicité bienveillante, qui ferait frémir l'éti-quette des cours méridionales, donne un véri-table charme à la grandeur des princes du Nord.

Voilà le récit exact d'un mariage russe. On prétend que les noces, dans la classe mar-chande, donnent le secret de quelques autres coutumes ; mais je n'ai pas eu occasion d'en voir. Je renvoie donc à l'histoire de *Lévêque* ou du révérend M. *Tott*, qui, certainement, n'ont pas vu une cérémonie plus intéressante et plus noble que celle dont nous fûmes témoins.

Quant aux baptêmes, je puis en détailler également toutes les particularités. Les céré-monies religieuses d'un peuple ne doivent pas échapper à l'œil de l'observateur ; elles forment les pages les plus touchantes de l'histoire des nations.

Depuis long-tems je guettais un baptême du rit grec, lorsque j'appris la naissance d'un prince. Ici, c'est un événement fort ordinaire que la naissance d'un prince ; cela ne fait pas la moindre sensation. Moi je bénis l'arrivée de cet enfant, parce que j'aime beaucoup sa famille, et que j'attendais cet heureux événement pour voir une cérémonie qui m'était inconnue.

Chez les riches particuliers, le baptême se fait dans la maison paternelle. A midi, heure du rendez-vous, j'entrai dans une salle spacieuse ; j'y vis une grande table où on avait placé les saintes images ; sur une autre table se trouvait un énorme vase d'argent rempli d'eau, et entouré de petits cierges. Dès que le parrain et la marraine entrèrent, le baptême commença. Un archiprêtre de l'église de Kasan, après avoir récité des prières, auxquelles répondait un chantre, procéda à la bénédiction des fonts, en plongeant, à plusieurs reprises, une croix dans l'eau ; puis il revêtit ses ornemens, et adressa plusieurs questions au parrain et à la marraine, qui priaient à ses côtés.

Il s'empara ensuite de l'enfant, qui reposait sur les bras de sa nourrice, et, le dépouillant entièrement, il le plongea, à deux reprises, dans le grand vase d'argent, de manière à ce que la

tête de l'enfant disparût sous les eaux; il le
rendit à la nourrice, et le sacrement de confirmation lui fut administré. Le prêtre offrit ensuite une bougie au parrain et à la marraine;
cette dernière prit l'enfant, et on fit trois fois le
tour du vase en récitant des prières, qu'on termina par des actions de grâces. Le père n'y as-
sista point; ce n'est pas l'usage. Toutes les personnes invitées se rendirent dans l'appartement
de la princesse pour la féliciter ainsi que le
prince.

Autrefois, lorsqu'un pauvre enfant avait le
malheur de se fourvoyer dans ce monde au milieu de l'hiver, on le plongeait impitoyablement
sous l'eau glacée; aujourd'hui, l'Église russe
tolère que le bain sacré soit un peu tiède; mais
le peuple observe encore scrupuleusement l'antique usage. On assure que beaucoup d'enfans,
d'une complexion délicate, ne résistent point
au danger de cette immersion.

Je me suis esquivé au moment où l'on servait un déjeuner splendide; ce n'est pas ce que
j'ai fait de mieux: les Russes n'aiment pas qu'on
se dérobe à leur hospitalité.

On voit que, sauf le bain complet et la promenade autour du vase, le baptême grec est, à peu de choses près, celui du culte latin; seulement l'on s'étonnerait de voir s'y joindre le sacrement de confirmation réservé, par notre église, pour une époque où la raison de l'enfant commence à se développer. Là-dessus, je ne me permettrai aucune réflexion, persuadé qu'il n'y a rien de plus inutile que les discussions sur la différence des cultes.

Ce nouveau né me rappelle une saillie du prince Michel G...... Il arriva un jour dans un salon où plusieurs dames parlaient de leurs enfans. « Quant à moi, dit le prince, je n'ai qu'une fille; mais, si j'en crois sa physionomie, elle sera un jour très-spirituelle; elle annonce déjà les plus heureuses dispositions. » Alors une dame étrangère demanda quel âge avait la petite princesse : « Dix minutes et trois secondes, » répondit le prince en regardant sa montre.

— N° XXXIII. —

PÉTERHOFF.

L'œil aime à contempler ces frais amphithéâtres,
Et l'or des feux du jour sur les nappes bleuâtres,
Et le noir des rochers et le vert des roseaux,
Et l'éclat argenté de l'écume des eaux.

DELILLE, les Jardins.

LORSQU'UN étranger assiste, pour la première fois, à une fête populaire, c'est en curieux; la seconde, c'est en amateur. Je possédais la connaissance du terrain et la tactique des localités *; ainsi, j'étais en mesure de bien voir et de mieux observer. Mais, voulant conserver ma liberté, arriver et partir suivant ma fantaisie, j'éludai le bateau à vapeur et la société nombreuse avec laquelle j'avais cheminé l'année précédente.

* L'*Anthologie russe* présente une description de cette fête, qui fut troublée par un violent orage.

A midi (27 août de notre style), nous quittâmes Pétersbourg dans une voiture attelée de quatre chevaux de front. Rien de plus bizarre que les caprices de la température hyperboréenne. Dans l'espace de trois heures, nous éprouvâmes une chaleur étouffante, un frais délicieux, et un froid désagréable. Au moment même où le soleil darde ses rayons les plus brûlans, le vent s'élève, des nuées vaporeuses couvrent l'horizon, et l'air devient plus frais. On voit aussitôt les hommes boutonner leurs habits, et les femmes croiser leurs schalls; la prévoyance est toujours nécessaire contre ces brusques transitions *.

* Avant de franchir les portes de la ville et de prendre la route de Péterhoff, on trouve sur la droite le jardin Soltykoff, rendez-vous des gens du quartier de la Colomna. A la distance de quelques cents pas, on voit sur la grande route l'arc de triomphe érigé à Catherine, en l'honneur du combat de *Tchesmé*. Il est surmonté de six chevaux de front, attelés au char du génie de la victoire, et orné de bas-reliefs et de statues colossales représentant des guerriers. Il n'est point encore exécuté en marbre.

Près de la route, à droite; sont les jardins de la comtesse Zavadovsky; quatre werstes plus loin, la campagne du grand veneur M. *Dmitri Narischkin*, celles

Nous ne gagnâmes pas tout d'un trait le rendez-vous général. Aux approches des bosquets
de *Strelua*, les quatre voyageurs se décidèrent
à visiter cette belle retraite ; nous descendîmes
dans les jardins du grand-duc Constantin. Ceux
qui brûlaient le pavé, pour atteindre plus vite
le lieu de la fête, semblaient nous prendre en

du comte *Chérémeteff* et du sénateur prince *Tcherba-
loff*. Cette dernière est charmante; la maison est d'un
goût exquis, et les jardins d'une parfaite élégance ; les
chênes, les sorbiers et une foule d'arbres exotiques font
diversion à la monotonie des pins et des bouleaux.

A la gauche du chemin, le passage est très-varié ;
les maisons, assises sur le coteau, dominent la grande
route dont elles sont assez séparées pour ne point souffrir de la poussière et du bruit des voitures. Les jardins
se prolongent jusqu'au golfe ; mais, comme il décrit une
courbe vers la dixième ou douzième werste, les habitations sont riveraines de la mer, la vue s'agrandit, et on
jouit d'un admirable aspect. Le grand charme de ces
campagnes, c'est l'abondance des eaux; partout des
lacs et des canaux couverts de jolies gondoles; de petits îlots ornés d'un temple; des statues, des kiosques, des
berceaux de fleurs, des obélisques, des gazons éclatans
de verdure, de beaux arbres. Enfin, rien n'est plus en-
chanteur que cette route de Péterhoff. Les habitations
se touchent jusqu'à *Orianembaum* : c'est un jardin anglais qui a une circonférence d'une vingtaine de lieues.

pitié, et notre cocher, très-innocent des charmes de la solitude, nous disait que Strelua n'est point Péterhoff.

Les jardins de cette résidence impériale sont beaux et majestueux; ils présentent des points de vue et des accidens de terrain qui augmentent leur charme; mais tout s'y ressent de l'absence du maître. Eh bien! cette négligence ne m'est pas déplaisante. J'aime ces allées un peu sauvages, qui se reposent de la serpette et de la ratissoire du jardinier. La nature, livrée ainsi à elle-même, m'offre l'image d'une jolie femme qui, dans un accès de paresse, a renvoyé son coiffeur.

De la terrasse, nous descendîmes, par d'immenses escaliers, dans la partie du parc qui borde le golfe. Arrivés près d'un grand canal, nous vîmes de là le château couronner pompeusement les jardins; la façade est percée de trois arceaux gigantesques, au dessus desquels est placé un rideau d'orangers couvrant la terrasse; ces arbres semblent suspendus dans les airs.

De détours en détours, nous nous trouvâmes sur les bords de la mer; on y arrive à travers un bois de bouleaux et de sapins. C'est une sensation toujours neuve que l'aspect de cette vaste étendue des eaux. Au fond de l'horizon, sur la droite, nous crûmes voir une forêt flottante au milieu des mers : c'étaient les vaisseaux de Cronstadt. A gauche, et à une distance plus rapprochée, se déployaient les frégates et yacts de l'empereur. A peine fûmes-nous assis sur un bloc de granit, que cette flotte pavoisée fit une salve générale. Il ne tenait qu'à nous de nous attribuer l'honneur de ces coups de canon ; mais chacun eut la modestie de les regarder comme le signal des jeux de la soirée.

Cependant, nos plaisirs étaient menacés. Des nuages livides et noirs se balançaient sur nos têtes ; en les regardant, nous fîmes gaîment un peu de philosophie: Une des dames s'écria que toutes les jouissances humaines ont leur épée de Damoclès. Bientôt une brise de l'est dispersa ces vapeurs menaçantes, le soleil reparut, et les destinées de la fête furent fixées.

Après une promenade ravissante, nous regagnâmes le château, dont je ne décrirai pas l'intérieur. Trop de plaisir nous attendait ; le moyen de parcourir froidement de grandes pièces dont on connaît d'avance les décorations ! Rien de plus arrêté que la magnificence des palais ; on sait qu'on y trouvera des lambris dorés, des tableaux, des vases de toutes façons, des mosaïques, des draperies et tentures de toutes couleurs, etc., etc. J'éprouve toujours un grand fonds d'indifférence pour ce genre d'admiration.

Avant d'arriver à la région des enchantemens, nous fîmes huit werstes, et traversâmes plusieurs villages d'une désespérante symétrie. On serait tenté de croire qu'il n'y en a qu'un en Russie, et qu'il a la politesse de se placer de distance en distance sur votre chemin.

Enfin, nous arrivons dans le vaste bivouac dont parle l'*Anthologie russe* : cherchons un abri commode. Ma petite colonie ne demande à ce lieu pittoresque que trois choses, pelouse, eau et ombrage ; ce n'est pas se montrer trop difficile à vivre. Très-heureusement nous ne comptons sur le dîner de personne, mais sur le nôtre qui voyage avec nous ; ainsi, parfaite indépendance.

Deux bouteilles de vin de Bordeaux sont mises au frais dans un ruisseau qui coule à nos pieds. Rien n'est plus aimable qu'un bivouac en pleine paix. Dîner sur l'herbe a bien aussi son prix ;

on dîne si souvent dans les salles à manger !
Quoi de plus appétissant qu'une fricassée de
poulet encaissée dans un pain frais, un pâté
garni d'une bonne gelée, un omelette tournée
sur un feu improvisé, une salade d'une fraîcheur
ravissante, le tout parfumé d'un melon à larges
tranches ! Les convives d'Horace, couronnés de
roses, et buvant le Falerne, n'étaient pas plus
heureux que nous. Il est encore plus certain que
l'empereur, avec toute sa puissance, n'obtiendra jamais, de ses chefs d'office, un café aussi
exquis que celui fait sous nos yeux sur le petit
réchaud à l'esprit de vin. Les gourmets vous
diront que ce nectar est pitoyable dans les palais
et dans les grandes maisons. Un jour, à Paris,
j'avais l'honneur de posséder à ma table un auguste personnage; il se récria sur l'excellence
du café. La maîtresse de maison répondit, comme
le bon Michaud : « Dam, monseigneur, c'est
que je le faisons nous-même. » Faut-il bien que
la médiocrité tire parti de tout pour ne point
regarder avec chagrin au dessus d'elle ! Son
génie inventif, et mille petites recherches, lui
procurent des jouissances que ne se donnera jamais l'opulence avec tout son or.

Maintenant, mesdames, quittons ce chêne et ces gazons hospitaliers. Grâce au flacon de Malaga plein de vide, et aux mets qui ont disparu, je me sens une force surnaturelle pour vous protéger contre la foule. Une des grilles se présente; nous voilà grossissant la troupe des élus.

Bon Dieu! que de costumes différens! tout l'univers est donc ici! Que de visages singuliers! que de tournures grotesques! mais aussi quelle élégance! quelle grâce se mêle parfois à ce panorama ambulant! Voyez la princesse S..... avec ses trois filles; ne dirait-on pas que ces dames ont fait un petit détour, en quittant les Tuileries, pour passer une heure à Péterhoff? Regardez ce marchand; il conserve religieusement la barbe de ses ancêtres; son cafetan balaie les allées du parc, tandis que sa jeune femme, moins dévouée aux traditions, étale vaniteusement les modes de la rue Vivienne.

Voyez ces officiers au sabre traînant, à l'uniforme serré et écourté, au plumet ondoyant, à l'écharpe flottante; leur tournure est martiale, et leur physionomie spirituelle. Je les trouve infiniment mieux sur leur terrain qu'au Carrousel;

c'est que les Français n'eurent jamais aucun goût pour les armées exotiques.

Regardez ce courtisan, contemporain de Catherine ; écoutons-le ; il fait l'éloge du tems passé aux dépens du présent ; c'est tout simple. La vieillesse est parfois chagrine ; elle ne pardonne guère de ne plus voir les objets avec des yeux de vingt ans. « Oui, M. le comte, dit le vieillard à son voisin, de mon tems on était plus gai ; cette fête me semblait plus vivante, plus animée. Il y avait plus de variété dans les costumes, plus de monde ; la cour déployait aussi plus de magnificence. Ce jet d'eau s'élevait à dix pieds de plus ; enfin, je crois qu'alors le ciel était plus beau. »

Allons voir ce fameux Samson et son lion. Le jet d'eau placé au centre de la cascade est d'un effet admirable.

A la droite de ce pont, sous de vastes ombrages, voilà plusieurs tentes : c'est un café-restaurant ; il usurpe l'appareil militaire. Allons, Mesdames, point de timidité, faites comme si vous étiez à Paris, usez de l'heureux privilége de n'être point *dames du palais*, et venez bourgeoisement prendre des glaces sous

ces toiles modestes. Regardons d'abord les cui-
sines et l'office de ce café nomade; tout y est
colossal : ces samowars, hauts de six pieds, ces
vastes marmites où les tranches de bœuf se per-
dent sous les volailles, ces immenses poêles
remplies d'une friture bouillante, ces montagnes
de pains, ces barriques de sucre, ces tonnes
d'hydromel, ces charmantes pyramides de ci-
trons et d'oranges, tout est grandiose, tout est
en rapport avec l'affluence des amateurs. Ce
n'est pas peu de chose que de servir le dîner,
le thé, la limonade, le punch, les glaces et le
café, à cent mille personnes *.

* Les frais de cette fête sont immenses; le corps diplomatique et toutes les personnes de la cour sont logés et défrayés pendant trois jours avec un grand luxe
de table. Un maître d'hôtel me disait que, d'ordinaire,
il se consomme dix-huit mille poulets : on peut juger
du reste par ce seul aperçu. Les cerisières de *Robcha*,
appartenant à l'empereur, fournissent leurs fruits pour
la fête. Le premier jour, le jardinier en chef envoya
vingt-huit mille cerises; la vallée de Montmorency ne
ferait guère mieux.

Le concours des voitures s'élève de huit à neuf mille :
le nombre diminue un peu depuis l'établissement des
bateaux à vapeur. On dit que l'entrepreneur a gagné
cinquante mille roubles cette année. Le prix du trajet

Voilà une table ,vacante, asseyons - nous ;
mais l'un des chefs du camp gastronomique s'a-
vance avec respect; il paraît s'indigner de notre
modestie. Nous cédons à ses instances, et le
suivons sous une tente élégante, éclairée de
bougies. Elle est formée d'une toile peinte et à
jour, elle est garnie de franges gothiques; certes
cette tente date de la fête inaugurale de Péterhoff; elle est contemporaine de Pierre-le-
Grand : c'est une antiquité de la très-jeune ville
de Pétersbourg.

Mais l'horloge sonne huit heures; une fusée
donne le signal de l'illumination; courons voir
cette manœuvre; elle tient de la magie. Je veux,
montre en main, en suivre tous les progrès.
Avec quelle adresse, quelle agilité, ces *phébus*

est de cinq roubles pour aller et cinq pour revenir ;
cinq mille personnes se sont donc embarquées.

L'ambassadeur de Perse près la cour d'Angleterre fut
invité à cette fête avec toute sa suite, ainsi que l'état-
major du brick *le Jasper ;* tous ont été splendidement
traités chez le grand maître de la cour.

L'*Anthologie russe* renferme (page 212) une description de cette fête; on y trouve des détails qui manquent
à celle-ci; entre autres, l'explication des voitures appe-
lées *ligues*, dans lesquelles la cour se promène.

artificiels escaladent les châssis, et se suspen-
dent à la cime des arbres; des écureuils chargés de l'illumination ne feraient pas mieux. A
peine le quart d'heure expire, et déjà tout est
en feu; la nature est déjouée; cette nuit, il ne
fera pas nuit à Péterhoff. Je ne m'étonne plus
de la naïveté de ce provincial de Simbirsk,
auquel on fit croire qu'il y avait un allumeur
par lampion; mais on ne l'aurait point trompé
en lui disant que le nombre se monte à trois
mille.

Tout prend un nouvel aspect, les eaux et la
verdure se mettent en harmonie avec ces guir-
landes de feu; les nuances des fleurs et des
feuilles, adoucies par leurs reflets, empruntent
un nouveau charme. Montons sur la terrasse; à
chaque marche nous serons arrêtés par la foule;
mais enfin nous arriverons. Eh! nous y voilà:
quel coup-d'œil ravissant! de toutes parts les eaux
jaillissent avec abondance autour d'une assemblée de statues dorées; le canal roule paisiblement sous des arceaux lumineux, tandis que
les cascades précipitent leurs flots sur des foyers
de lumière. Ce spectacle est certainement unique en Europe; il doit sa magie à la position

très-élevée du château couronnant majestueusement le théâtre des prodiges.

Voulez-vous du silence et des eaux plus
tranquilles, allons sur les bords du lac, un
temple radieux s'élève du milieu de cette plaine
liquide; ses rives sont bordées de lampions, ils
scintillent sur les eaux; ce sont des colonnes de
feu, mollement balancées par les ondulations
du lac.

Quel est ce jeune homme placé tout près de
nous; on lui parle, et il n'écoute point; il a les
bras croisés, le regard mélancolique; ses cheveux sont rejetés en désordre sur son front, et
sa noble figure exprime à la fois le dépit et l'admiration : c'est un poète, c'est un Français.
« Que cette fête est belle! lui dit son ami. —
Oui, répond le métromane; c'est certainement
le tableau le plus imposant que l'on puisse voir;
mais je ne sais pourquoi les réjouissances publiques brisent mon ame; ces feux éclatans,
cette foule curieuse me rappellent plus vivement
mon pays, ma douce France! Mes yeux se remplissent de larmes, et l'œil pèse comme un
plomb sur mon cœur. Hélas! parmi ces hommes qui s'agitent autour de nous, je suis peut-

être le plus malheureux de tous. A cette idée
je me surprends le désir de me précipiter dans
ce lac. — N'en faites rien, mon cher ami; il
vaut cent fois mieux se noyer dans le vin de
Champagne. — Oui, fait à Pétersbourg, n'est-
ce pas? Allons, j'ajourne la pièce d'eau. » A
ces mots, je vis mes deux Français prendre le
chemin d'un café, et je fus rassuré sur les projets du métromane.

Ne perdons pas un moment, allons voir la
flotte dans son costume de nuit : c'est la toile de
fond de ce brillant théâtre. Dix-huit frégates
sont stationnées sur une ligne d'une demi-lieue.
Les agrès, les hauts-bancs, les huniers, les
mâts, les signaux se dessinent par des cordons
enflammés; ces lanternes de mille couleurs éclai-
rent au loin le golfe. Tout à coup une musique
se fait entendre du vaisseau amiral; l'harmonie,
rendue plus douce par l'éloignement, vient
charmer ceux qui couvrent la plage. Oui, l'ame
de Pierre Ier plane autour de nous, elle préside
encore aux enchantemens créés par sa grandeur;
je ne m'étonne plus de sa prédilection pour Péterhoff.

Nous voici près de la gracieuse maison qu'on

nomme *Marly;* ce nom retentit doucement à
des oreilles françaises. Mais voici le moment de
regagner le château, où se rend la mascarade;
nous avons des billets; qui n'en a pas? Permettez-moi de m'affubler de ce manteau de taffetas
noir que l'étiquette m'impose. De grâce, point
de distraction, ne nous séparons pas, ou nous
courons le risque de ne nous retrouver que demain sur *la perspective.*

Ici, comme à la fête du 1er janvier, le souverain se montre entouré de sa grande famille.
Un Anglais, officier du brick *le Jasper,* s'écrie
tout près de moi : « Voilà une demi-heure que
je suis ici, et je n'ai pas encore vu l'empereur,
cela me contrarie beaucoup fort. « Alexandre,
qui l'entend, se retourne, et lui répond en anglais. « Monsieur, me voici; ne soyez plus contrarié. »

Après le souper de la cour, qui finit à onze
heures, elle monte dans *les ligues* pour parcourir les illuminations ; nous voilà parfaitement
placés. Tout le cortége défilera devant nous;
près de mille personnes le composent; il fait
plein jour; je puis attacher le nom à presque
tous les visages. Les voitures vont au pas, c'est

très-commode pour les curieux. Ces *houras* annoncent l'empereur et les impératrices; voilà
aussi les grandes duchesses et les grands ducs,
les demoiselles d'honneur, les ambassadeurs et
ambassadrices, les ministres, les grands officiers, les lieutenans-généraux, les aides-de-
camp de sa majesté, les colonels, les sénateurs,
enfin toutes les personnes présentées, et cela ne
finit point. Vous voyez cependant que peu d'entre elles nous sont étrangères, tout le monde se
connaît à Pétersbourg. La promenade se pro-
longera jusqu'à minuit, et lorsque la cour sera
rentrée, tous les curieux de bonne compagnie
obtiendront facilement la permission de se promener à leur tour dans les ligues.

Rassassiés d'admiration, nous regagnâmes
au plus tôt notre calèche; elle fut trouvée et attelée très-promptement; mais quel tumulte, quelle
affluence! Chacun veut partir avant le voisin;
ce n'est pas une retraite, c'est une fuite. Voilà
les hommes, ils recherchent la foule, et cette
foule les fatigue bientôt. J'aime à les voir montrer encore plus d'ardeur pour quitter les plaisirs qu'ils n'en mirent à venir les chercher.

Enfin nous partons; arrivés sur la grande

route, l'ordre se rétablit, les voitures courent
sur trois files avec une inconcevable rapidité.
Le chemin, dans un espace de six lieues, me
rappelle les rues adjacentes de l'Opéra, un jour
de grande représentation, avec cette différence
que la file n'est jamais arrêtée.

Mais l'aurore éclaire nos figures blasées ; déjà
les clochers de la ville laissent voir leurs brillantes flèches à travers les vapeurs matinales. Nous
arrivons; nous trouvons enfin le repos. Le repos!
ne faut-il pas le mettre en première ligne de nos
jouissances! n'est-il pas ce *Balmeudi* tant cherché par les pauvres humains et toujours si peu
trouvé! En m'endormant, je me disais : « Le lit
est à une journée fatigante ce que la tombe est
à une vie agitée. »

— N° XXXIV. —

UNE AMBASSADE AVORTÉE.

Jean s'en alla comme il était venu.
LA FONTAINE.

Dans le nombre des ambassades avortées, on peut citer avec distinction celle de Russie à la Chine, dont le chef fut le comte de *Golowkin*, et qui eut lieu en 1807. Elle passa par *Moscou*, *Kasan*, *Tobolsk* et *Irtskoutsk*. Après trois semaines de séjour dans cette dernière ville, elle s'achemina vers la Mongolie, province gouvernée par un vice-roi, et située en deçà de la grande muraille, à une distance d'environ huit cents werstes (deux cents lieues) de *Pékin*. Un quart de lieue séparait le dernier poste russe du premier poste chinois. L'ambassadeur fit annoncer son arrivée au vice-roi; déjà la suite tressaillait de plaisir en se disant : « Dans dix ou douze jours, nous entrerons à *Pékin*. » On conçoit la vivacité des impatiences diplomatiques. Cette ville est la plus curieuse du monde, parce qu'elle est celle qu'on voit le moins. La réponse du vice-roi ne se fit point attendre. Le jour fixé pour la réception, on monte à cheval et on part, escorté d'un froid de vingt degrés, car on est au mois de janvier, et dans une contrée montagneuse.

Malheureusement on ne s'entendit point assez pour le cérémonial, précaution indispensable sur cette terre classique de l'étiquette. A l'entrée du palais vice-royal, l'ambassadeur et sa suite, descendant de cheval, remirent aux gens leurs pelisses. Première faute. On se flattait d'entrer immédiatement dans des salons bien chauffés, et il fallut traverser deux immenses cours; dans la troisième, on trouva les préparatifs d'une cérémonie sur laquelle on ne comptait pas du tout. Un des officiers du palais déclara à l'ambassadeur, par l'organe de l'interprète, qu'avant d'obtenir l'audience de son altesse le vice-roi, l'usage est de se prosterner devant le portrait de l'empereur chinois. Le comte Golowkin opposa un refus à cette prétention : on parlementa durant vingt minutes ; les Russes piétinaient et grelottaient ; les Mongols gardaient tout l'aplomb diplomatique, parce que leurs habits étaient doublés de fourrures. Le comte, persistant dans son refus, on fit entrer la légation dans des chambres très-étroites où étaient placés des brasiers. Là, on servit du thé, des confitures sèches, quelques pâtisseries, et on continua la discussion du cérémonial. Le vice-roi s'était glissé *incognito* dans l'assemblée pour causer familièrement avec les Russes. Il disait poliment à l'ambassadeur que sans doute l'interprète expliquait mal les intentions du comte ; qu'il ne pouvait croire qu'un envoyé, qui devait être doué de hautes lumières, pût hésiter à se conformer aux usages consacrés de tems immémorial ; que, si le vice-roi lui-même avait l'honneur d'être député par son souverain maître vers le souverain maître des Russies, il se soumettrait aux coutumes reçues. Ces raisons, qui semblent assez bonnes , ne purent faire plier la dignité du diplomate russe. On se sépara, et l'on fut tristement rejoindre le froid, dans les trois cours qu'il fallait traverser pour remon-

ter à cheval; enfin on s'éloigna, mais en tour-
nant souvent la tête, avec l'espoir d'être rap-
pelé, comme il arrive quelquefois en sortant
d'un magasin dont le marchand vous a surfait la
marchandise.

Depuis ce jour, le vice-roi et l'envoyé russe
furent invisibles l'un pour l'autre, et ne traitè-
rent que par leurs agens. L'altesse chinoise
expédia un courrier à Pékin. L'empereur con-
descendit à la suppression des hommages rendus
à son portrait, et exigea seulement l'envoi d'une
lettre, dont on adressa le protocole au comte
Golowkin. Celui-ci, toujours très-scrupuleux,
proposa quelques changemens d'expressions. Les
choses traînèrent en longueur; les jeunes secré-
traires attachés à l'ambassade frémissaient de
crainte. Le vice-roi, lassé de tant d'hésitations,
demandait une réponse nette et positive. L'ambassadeur se détermine enfin à l'envoi de la
lettre exigée; on passe la nuit à faire ce travail;
mais, aux premiers rayons du jour, on vit de
loin un cortége beaucoup plus considérable que
de coutume. Les bons esprits augurèrent mal
de ce supplément d'hommages. En effet, le maître des cérémonies du vice-roi venait annoncer

la rupture des négociations ; il y joignit l'invitation pressante de quitter les lieux dans l'espace de vingt-quatre heures.

Le lendemain tout le monde partit. Désormais *la Chine promise* est le fruit défendu. On ne verra ni la grande muraille, ni les petits pieds des dames chinoises, ni Pékin, ni la charrue impériale, ni les délicieux jardins, ni la tour de porcelaine : dans un instant tout ce riant horizon s'est évanoui. Est-il rien de plus piquant qu'une semblable déception ? L'arrêt est prononcé au moment même où l'on écrivait cette maudite lettre : elle allait partir. C'est pire qu'un naufrage au port.

On reprit le chemin d'Irstkoutsk. Ce cortége, si brillant et si gai un mois plus tôt, avait alors toute la mine d'un convoi funèbre ; il semblait qu'on ramenât un ambassadeur embaumé dans le tombeau de ses pères.

On passa huit mois à *Irstkoutsk* ; le voyage dura en tout deux ans. La légation était nombreuse : cinquante Cosaques formaient son escorte. On portait de fort riches présens pour la majesté chinoise. L'ambassade campait à des stations marquées ; on avait des tentes doublées de feutre ; on allumait de grands feux. Un des employés eut dans la même nuit une oreille brûlée et le nez gelé.

J'ai vu une collection très-intéressante de dessins faits par un artiste attaché à l'ambassade. Un médecin vaccina une princesse mongole. Elle passait pour une beauté dans son pays. D'après son portrait, elle serait en Europe un monstre de laideur. Une multitude de Mongols demandaient la vaccine. La petite-vérole fait d'immenses ravages dans cette population.

Les Russes virent plusieurs spectacles très-grotesques, et purent se convaincre que, malgré l'ancienneté de la civilisation chinoise, leur théâtre reste bien loin de la perfection. Le séjour coïncida avec la fameuse fête des Lanternes ; elle fut pour l'ambassade une légère consolation.

On doit regretter que la relation de ce long voyage n'ait pas été imprimée. Elle offre une foule de détails curieux ; mais je conçois qu'on répugne à mettre sous presse une entreprise manquée. Sans doute il y eut un peu de la faute de tout le monde ; la chancellerie des affaires étrangères devait donner plus de latitude, et peut-être l'ambassadeur devait-il lui-même en prendre davantage, en se relâchant sur quelques points du cérémonial : cela n'était d'aucun inconvénient avec des gens aussi étranges, qu'on visite tous les cent ans. Les hésitations de l'ambassadeur supposaient beaucoup de vague dans ses instructions. La morgue chinoise s'en offensa; quelques salutations de plus ou de moins sont d'un faible poids dans la balance diplomatique. Il fallait arriver, c'était l'important; on n'arriva point, ce qui me paraît bien plus contrariant que de faire une révérence.

Peut-être lira-t-on avec intérêt une Notice que j'emprunte à un ouvrage publié ici ; elle est relative à deux autres ambassades russes. On y verra que, dans tous les tems, les Chinois, malgré leur sagesse, sont des gens difficiles à vivre, et qu'ils font payer chèrement aux ambassadeurs le rare plaisir de visiter leur pays. Je ferai parler l'auteur de la Notice.

« Le capitaine Ismaïloff, du régiment des gardes de Préobrajensky, fut envoyé, en 1719, à la Chine pour rétablir les relations commerciales entre les deux empires. Pierre-le-Grand l'avait chargé d'une lettre de créance au *bogdi-khan kan-khy*. L'empereur de la Chine reçut l'envoyé du czar russe avec beaucoup d'égards ; mais rien ne se termina, et les relations cessèrent.

» Au mois de décembre 1725, le conseiller d'état actuel, le comte Sawa Vladislawitch, fut envoyé en qualité d'ambassadeur extraordinaire auprès du nouveau bogdikhan-ioun-djyn. Il fut chargé de rétablir la bonne harmonie entre les deux empires, ainsi que la liberté du commerce ; de fixer, au moyen d'une commission spéciale, les limites définitives ; de satisfaire aux différentes prétentions élevées au sujet des déserteurs mongoliens ; enfin de faire cesser toutes les mésintelligences. L'ambassadeur russe arriva à Tobolsk le 14 janvier 1726 ; de là, il se rendit à Irtskoutsk, puis descendit *l'Angara*, traversa la mer *Baïcal*, et arriva enfin, le 2 août, à Selenghin. Le 24 du même mois, il se trouvait à la frontière de la Chine, située à dix lieues de Kiachta, sur la petite rivière de Boura.

» Le ministre chinois Lougotou, oncle de l'empereur, et Soulé-Ambouna Bey Seky, l'y attendaient déjà. Enfin, le 12 octobre, le comte Sawa, escorté de sa suite, composée de cent vingt personnes, fit son entrée à Pékin au son des tambours et d'une musique militaire. Huit mille hommes de troupes chinoises, tant d'infanterie que de cavalerie, formaient la haie, et des salves de mousqueterie furent tirées en l'honneur de l'ambassade. A peine le comte fut-il descendu à son hôtel, que deux mandarins, envoyés de la part du ministre chinois, vinrent le féliciter et lui offrir un repas, du thé et des rafraîchissemens. Cet accueil se renouvela pendant huit jours, au bout desquels la maison du comte fut entourée de trois cents soldats, sous le commandement de trois généraux. Personne n'osait sortir; et, pour plus de précautions, on apposait la nuit des sceaux aux portes. Le 4 novembre, audience chez l'empereur, remise des lettres de créance de l'impératrice Catherine Ire, et demande au bogdikhan de choisir quelques mandarins chargés de conférer avec lui sur les moyens les plus sûrs de fixer les limites et d'applanir toutes les difficultés.

» Le souverain des Chinois nomma trois premiers ministres, Ta, Tégouta et Touli-

chine. Dès ce moment, tout devint ridicule et
impertinent de la part de ces délégués, qui cru-
rent, parce qu'ils tenaient en leur puissance
l'envoyé russe, qu'ils en auraient bon marché.
Vingt traités de paix furent mis et remis sur le
tapis. Les ministres poussèrent l'insolence jusqu'à demander la cession d'une grande partie de
la Sibérie. Comme l'ambassadeur rejetait ces
conditions dérisoires avec une inébranlable fermeté, ils prirent toutes sortes de moyens pour
le rendre traitable. Tantôt ils offraient des présens, tantôt ils l'accablaient d'injures, en disant qu'il était un homme fier et intraitable, un
inconstant, un vaurien. Quelquefois ils le me-
naçaient d'une prison perpétuelle, ou de le faire
mourir dans un désert ; ensuite, ils essayaient
de le prendre par la famine. Pendant un mois
entier, on cessa les distributions de vivres ; on
envoyait une eau salée qui rendit malade la moitié des gens.

» Le comte supporta ces mauvais traitemens
avec un courage qui étonnait les Chinois ; enfin,
désespérant de fléchir ses volontés, l'empereur
ordonna que les arrangemens définitifs auraient
lieu sur les frontières des deux empires. Sur ces

entrefaites, le comte tomba malade ; le prince envoya huit de ses médecins pour le soigner, en leur ordonnant de lui faire tous les jours un rapport sur l'état du malade. Le rétablissement de l'ambassadeur parut le combler de joie. Enfin, le 19 avril, le comte eut une audience de congé dans un château de plaisance du bogdikhan, et, le 23 du même mois, il quitta Pékin pour se rendre sur la frontière. Là, les négociations devinrent interminables, grâce à l'insigne mauvaise foi des trois plénipotentiaires. Les ruses et les fourberies les plus grossières furent employées. Après un traité reconnu et consenti par les parties contractantes, l'ambassadeur russe ne fut pas peu surpris de le voir revenir, signé par l'empereur, tout différent de celui qui avait été envoyé. Le comte tint bon. Enfin, le traité définitif arriva au commencement de juin. L'échange se fit en grande cérémonie, et au grand étonnement des chefs mongols, qui ne pouvaient concevoir que la fierté des Chinois se fût abaissée au point d'accepter toutes les propositions de la légation russe.

» Les neuf articles de ce traité général, qui donnèrent lieu à tant de débats, de difficultés

et de désagrémens, pendant trois années con-
sécutives que durèrent les cinquante-huit con-
férences tenues, tant à Pékin que sur les frontières, sont les suivans :

» 1º Une paix durable et solide existera entre les deux empires ;

» 2º Toutes les mésintelligences passées seront oubliées, et dorénavant les déserteurs seront toujours rendus ;

» 3º Les limites entre la Russie et le pays
des Mongols doivent être marquées d'après la
description suivante. (Ici se trouve placée, presque mot pour mot, la convention faite à Boura,
au sujet des limites.) Les marchands pourront
trafiquer. La caravane viendra à Pékin tous les
trois ans ; elle y peut vendre, échanger et acheter sans payer de droits ; mais le commerce con-
tinental ne peut se faire que sur la *Kiachta* et à
Nertschinsk ;

» 4º La maison pour l'ambassade russe, une
autre pour les marchands, une église gréco-
russe, doivent être construites aux dépens de
l'empereur de la Chine. L'exercice de la religion russe, dans ladite église, est garanti. Quatre prêtres russes pour faire le service divin et

célébrer les mystères de l'église , et six écoliers,
qui apprendront la langue du pays , seront en-
tretenus à Pékin aussi aux frais du khan ;

» 5° Dorénavant, le sénat russe et le tribunal chinois correspondront entre eux pour les
affaires d'état. Les courriers , munis de passe-
ports, devront prendre la route de Kiachta ;

» 6° Les contrées orientales situées près de
la rivière d'Oudi , de même que celles des montagnes de Pierres , où les bornes ne sont pas
encore fixées, resteront dans l'état actuel pour
un certain tems ;

» 7° Les chefs des provinces frontières des
puissances contractantes termineront les affaires qui sont de leur compétence sans délai et
selon les lois (Suit un article contenant les règles pour la réception des ambassadeurs et des
courriers.);

» 8° Les déserteurs doivent être exécutés
sur les lieux où ils seront pris. Les crimes seront punis selon la gravité des délits ;

» 9° Après avoir échangé ce traité, on en
donnera copie aux habitans des provinces frontières. »

Que penser de la *modération* et de la loyauté

des ministres chinois? Cette relation, qui porte le cachet de la bonne foi, déconsidère beaucoup la sagesse mandarine; elle prouve du moins que la diplomatie a su se faire une morale qui lui est propre, et que désavouerait le grand Confucius.

Pendant que le comte Golowkin était grand-chancelier de l'empire, deux ambassadeurs chinois vinrent en Russie; le premier, pour complimenter l'empereur Pierre II sur son avènement au trône, n'arriva à Moscou que sous le règne d'Anne Iwanovna, le 14 janvier 1751; le second arriva, le 29 avril de l'année suivante, pour féliciter cette impératrice sur son avènement. Je n'ai pas ouï-dire que les *barbares* du Nord aient fait boire de l'eau salée à l'ambassadeur chinois, ni qu'ils l'aient retenu prisonnier dans son hôtel.

— Nº XXXV. —

UN INCENDIE.

Leurs efforts ont vaincu le terrible élément;
Le public attendri proclame leur victoire,
Puis il s'écrie : « Honneur et gloire
A l'héroïque commandant ! »
Ancienne ballade.

. . . . . Une ame généreuse
Trouve dans sa vertu de quoi se rendre heureuse,
D'un sincère devoir fait son unique bien,
Et jamais ne s'expose à se reprocher rien.
TH. CORNEILLE, *Pulchérie*, act. III, sc. 1.

« HATEZ-VOUS, me dit mon spirituel *cicerone*, en entrant chez moi, tout essoufflé; hâtez-vous, je puis enfin vous faire voir le magnifique tableau d'un incendie par ***. Je vous nommerai l'auteur plus tard; mais, dépêchons-nous, car on ne voit pas ce tableau quand on veut; saisissez l'occasion d'admirer un chef-d'œuvre. » Déjà nous étions dans la rue, où nous attendait une voiture. Le cocher, aussi ardent que son

maître, nous menait comme le vent. Étonné de
cette célérité, je dis à mon guide : « Le feu est
donc à la maison qui renferme ce tableau, ou
bien on va l'emballer pour l'étranger ? » Point
de réponse. « Et quel est, repris-je, le nom du
peintre célèbre dont nous courons admirer l'ouvrage, comme si le diable nous emportait ?.....

— Patience, je suis bien aise de vous prouver
qu'en Russie nous pouvons égaler Raphaël et
le Poussin dans la représentation des terribles
scènes de la nature et de la fureur des élémens.

— Bon Dieu! vous êtes furieusement prévenu
aujourd'hui en faveur des peintres russes! »

La voiture s'arrête ; nous descendons précipitamment, et M. A..... me place en face d'un
tableau d'une dimension extraordinaire. Je reste
immobile d'effroi à l'aspect de la terrible scène
qui se passe sous nos yeux. Le feu a pris dans
les combles d'un immense édifice ; déjà les sapeurs-pompiers ont découvert les toits pour fa-
voriser l'essor de la flamme ; elle s'élance dans
les airs en gerbes ondoyantes ; le jeu des pompes
n'a point encore le pouvoir de ralentir son ardeur. Ces pompes s'alimentent des eaux d'un
canal bordant la maison incendiée. Le plus grand

ordre règne au sein de cette confusion. Une foule de spectateurs, placés sur les deux rives, contemple, en silence, les progrès du feu. Le nombre, le dévouement, l'audace héroïque des sapeurs-pompiers, rendent superflus les secours de cette galerie immobile ; l'incendie sera vaincu sans elle. Cependant on enlève les meubles par les portes et fenêtres du rez-de-chaussée, et même par celles du premier étage. Au moyen de cordes qui entrelacent ces meubles, on les dépose doucement à terre ; ils sont placés au centre d'un peloton militaire destiné à leur garde. Au milieu de cette multitude d'hommes courant d'un pas ferme sur les bords des toits enflammés, comme des soldats qui marchent à l'attaque d'une redoute, on distingue, à leur haut panache blanc, une dizaine d'officiers dont l'exemple anime le zèle des travailleurs. Parmi ces derniers, il est aisé de reconnaître, à sa belle taille, à sa bonne mine et à sa brillante témérité, le général grand-maître de police : voilà un homme tout-à-fait digne d'occuper le devant du tableau ; aussi son poste est-il au foyer de l'incendie ; il l'occupe avec honneur ; mais son œil est partout. Il commande l'action, dirige tous les secours, et, de la voix et du geste, il électrise tous les courages. A chaque instant, on craint que ce brave officier, n'ayant pour appui que des débris chancelans, s'abîme dans un gouffre de feu. Tout à coup, la frayeur publique se dirige sur un pompier; il est menacé de la chute d'une poutre embrasée; il s'élance d'un second étage dans la rue. Mais le peintre n'a point oublié les soins prévoyans du service des incendies. Mon *cicerone* me fait remarquer une immense toile tendue devant la maison pour recevoir ceux qui sont forcés d'abandonner leur poste.

Voilà un premier tableau; voyons le second : sa vue me repose des terribles émotions. La flamme a disparu; l'eau et le courage ont triomphé. Le haut de la maison ne présente plus qu'une masse noire et informe. Les édifices voisins ont été respectés par le feu; les étages inférieurs de la maison incendiée n'ont pas même souffert de dommages. Déjà les pompiers sont descendus de ces hauteurs menaçantes; aucun d'eux ne fut victime de son dévouement. Les voitures se retirent en bon ordre. Les plumets blancs, à demi-brûlés, s'élèvent parmi la foule, qui salue les nobles vainqueurs de ses cris et de ses bénédictions. La reconnaissance du maître de la maison, préservée d'une ruine totale, est moins bruyante ; elle s'exprime par des larmes ; je les vois couler ; j'entends les soupirs de ce cœur soulagé des plus horribles craintes : cette modeste récompense suffit au noble chef qui dirigea les secours avec tant de sang-froid et d'habileté. Mon *cicerone* ne m'avait parlé que d'un tableau dû au talent d'un peintre, son compatriote ; mais je me trouvai transporté à l'épouvantable spectacle d'un incendie qui venait d'éclater près le canal Sainte-Catherine, et que quatre heures de travaux suffirent pour éteindre. Dois-je être reconnaissant de cette mystification ?

Ici les pompiers remplissent la même mission que dans la plupart des capitales de l'Europe ; mais on ne va pas à leur corps-de-garde pour réclamer leurs secours. Ce sont eux qui avertissent le propriétaire de la maison atteinte par la flamme. « Monsieur, lui disent-ils, levez-vous, votre maison brûle. » Pétersbourg doit cette admirable surveillance au général Hoertel, grand-maître de police ; c'est lui qui orga-

nisa, avec une rare habileté, le service des
pompes.

Il substitua à l'usage des crecelles, dont le
bruit aigre appelait les secours, celui des drapeaux pour le jour, et des lanternes ou trans-
parens pour la nuit. Ces signaux indiquent les
quartiers vers lesquels les pompes doivent se
diriger. La combinaison des couleurs des trans-
parens ne laisse pas la moindre incertitude sur
le point où l'incendie vient d'éclater. Les signaux sont placés dans des *kalantcha*, ou tours
en bois, dont la hauteur domine toutes les maisons. La garde en est confiée à deux hommes
toujours en sentinelle. Dès qu'une fumée épaisse
les avertit d'un sinistre, ils tirent une sonnette
qui correspond à une guérite placée au bas de
la tour; au premier son de cette cloche on at-
telle les chevaux (qui restent toujours harna-
chés) aux voitures portant les tonneaux et à
celles chargées de tous les instrumens et ustensiles; les pompiers montent sur ces dernières,
au nombre de quinze, vingt ou trente. On a
calculé les minutes rigoureusement nécessaires
pour le trajet des voitures. Sous aucun prétexte, on ne peut dépasser ce terme; le re-

tard de quelques secondes serait sévèrement puni.

Les voitures sont attelées de trois ou quatre chevaux ; leur vitesse est extrême. Dans l'hiver, l'eau transportée est dégelée au moyen de charbons ardens introduits sous les tonneaux. Les pompiers sont enrégimentés et commandés par des officiers. Quand il y a deux incendies, les secours se divisent ; et comme ce cas est prévu, cela se fait sans la moindre confusion. Les pompes sont réparties dans les douze quartiers. Chaque siége de la police a sa tour de bois, ses signaux et ses secours. On donne des récompenses aux officiers et soldats qui se sont le plus distingués dans l'extinction d'un incendie *.

J'ai vu les pompiers manœuvrer sur le terrain ; mais je n'ai point été témoin de leurs

* Une seule chose m'a paru mal combinée ; c'est la libre circulation des voitures traversant cette foule immense, au risque d'écraser les passans et de nuire au service des pompes. On ne peut concevoir le *sans gêne* des cochers qui, moyennant un détour, éviteraient les inquiétudes qu'ils donnent aux autres et celles qu'ils se donnent à eux-mêmes. On ne conçoit pas plus l'indulgence de la police que la patience du public.

exercices, qui sont très-remarquables. Quelquefois on construit une maison de bois en pleine
campagne, et on y met le feu pour former les
élèves aux évolutions. On les exerce aussi à se
précipiter des toits sur des toiles tendues, et à
poser des feutres imbibés d'eau pour intercepter
le feu.

Il y a quelque tems que, revenant du grand
théâtre, à onze heures du soir, j'aperçus, à
quelque distance du canal de la Moïka, où était
mon logement, une grande clarté; en peu d'instans, je me transportai sur le théâtre du sinistre.
L'incendie venait de se manifester dans une
maison de bois, chez un loueur de voitures.
L'activité dévorante de la flamme ne peut se
concevoir; le feu dans une maison de pierre n'en
donne aucune idée. Cinquante tuyaux braqués
simultanément lançaient des flots d'eau sur ces
planches embrasées; mais le travail principal
des pompiers consistait à couper les communications avec les maisons voisines pour les isoler
de l'incendie; on y parvint assez aisément. Le
général Gorgoly dirigeait lui-même les pompes,
et je m'étonnais qu'il pût approcher autant des
flammes sans se brûler le visage. Placé à quinze

pas de lui, je ne pouvais soutenir cette chaleur qu'en me garantissant avec mon mouchoir. La maison fut entièrement consumée; mais les habitations voisines, qui, à la vérité, étaient bâties en briques, en furent quittes pour la peur.

Je ne m'engoue point aisément; hélas! il est si rare qu'on puisse poser sa lanterne. Mais c'est véritablement *un homme* celui que je veux faire connaître à mes lecteurs! Commençons par le physique; quoique ce ne soit pas le point essentiel, il donne du relief à tout le reste. Le général major de Gorgoly a une taille élevée, sa figure est noble et belle, ses traits sont mâles, gracieux et doux; ses manières sont celles d'un militaire, chez lequel la politesse et l'usage du monde modifient le ton que donne une longue habitude du commandement; sa physionomie est ouverte et franche; enfin il possède tout ce qui excite l'attention des hommes et tout ce qui fixe leur bienveillance. Une valeur brillante ajoute beaucoup d'éclat à ces dons de la nature, et pour que rien n'y manque, il est adroit à tous les exercices du corps; il excelle dans l'art de l'escrime, de l'équitation, du tir et du jeu de paume.

Maintenant, si l'on désire connaître le côté moral de ce beau physique, on va le trouver dans le détail des fonctions qu'il remplit. La haute noblesse, la bourgeoisie, les marchands et le peuple, rivalisent d'affection et de confiance pour le général grand-maître de police. Quand le chef suprême de cette redoutable autorité se montrait dans les rues de Venise *républicaine*, le seul hommage que lui accordât le public était de fuir devant lui. Ici, à l'aspect du surveillant en chef d'une grande monarchie, chacun se livre à une douce impression de sécurité. On sait que son œil vigilant est toujours ouvert pour le repos des honnêtes gens et pour la répression des hommes malfaisans. A la moindre apparence d'un désordre, il est à tout et partout ; il assiste aux revues de l'empereur, il est en tête de toutes les grandes cérémonies funèbres, il se trouve à tous les spectacles ; chaque jour il est obligé de parcourir les douze quartiers de la ville et de visiter les marchés et les bazars. Deux chevaux, agiles comme des gaselles, et renouvelés plusieurs fois par jour, servent à peine cette inconcevable activité. Dès qu'il rentre chez lui, sa porte est ouverte à toutes les plaintes, à toutes

les demandes, à toutes les confidences doulou-
reuses! jamais on ne fait *antichambre*. S'il est *là*,
il est visible, il vous écoute, il console les uns,
rassure les autres. Possédant merveilleusement
l'art de conciliation, souvent il prévient un procès entre deux parties qui viennent s'accuser
devant son tribunal; enfin, lorsqu'il se couche,
il peut dire : « J'ai fait du bien et j'ai empêché
beaucoup de mal. » Si toutefois il se couche,
car rien n'est moins respecté que son sommeil,
il dort quand il plaît à Dieu ; ses nuits sont à la
disposition des circonstances comme ses jours ;
plus de cinquante officiers ont le droit de réveil
sur lui, que dis-je? toute la population! Le repos
et le général Gorgoly sont une alliance de mots.

Je l'ai vu, dans une foule tumultueuse, prendre le bras d'un jeune tapageur, et lui dire à
demi-voix : « Monsieur, point de bruit, je vous
en conjure ; ne me forcez pas à vous faire de la
peine, j'en serais très-malheureux. » Et la mauvaise tête, subjuguée, se calmait aussitôt. Douze
années d'asservissement à des fonctions si labo-
rieuses, n'ont pas eu le pouvoir d'altérer son
humeur, ni d'obscurcir son front gracieux ; toujours même fraîcheur de tête, même bienveil-

lance de l'ame, même liberté d'esprit, toujours même zèle et même dévouement au bien public. Les passions les plus basses, toutes les plaies morales, toutes les misères de l'homme défilent devant lui; le cœur n'a point de mystères pour un chef de police, et il semble qu'à la longue, ce hideux tableau devrait donner de l'irritation, de la morosité et une bonne dose de mépris pour l'espèce humaine. L'heureux naturel de cet excellent être triomphe de ses impressions; il ne retient que le beau côté du cœur. Lorsqu'on le voit dans le monde, il a l'air de ne se ressouvenir que des vertus; mais sa présence y est aussi fugitive que l'éclair : il compte par minutes avec les plaisirs, et par heures avec le devoir. La ville et son arrondissement, voilà sa prison; il n'a ni congé ni vacance. La loi est extrêmement rigoureuse pour le grand-maître, et cet officier-général, si redoutable par ses fonctions, est aimé, vénéré, honoré par toutes les classes, depuis le plus petit jusqu'au plus grand. Si l'on trouve ce portrait trop long, qu'on s'en prenne au modèle. Je ne crois pas qu'il existe un habitant de Pétersbourg qui voulût contester un seul coup de pinceau. Par-

ler d'un homme aussi distingué est une heureuse fortune pour l'observateur! Si j'étais souverain, et que je songeasse à récompenser les
services d'un *Gorgoly*, je serais l'homme du
monde le plus embarrassé; tout en faisant beaucoup, je craindrais toujours de ne point assez
faire *.

* Depuis l'époque où j'ai recueilli ces notes, M. le
général Gorgoly a donné sa démission. Au bout de
treize années d'une existence aussi laborieuse qu'honorable, il voulut se reposer, dormir, voyager, enfin
vivre un peu pour lui et pour sa famille. Le jour où la
nouvelle de sa retraite fut connue, il y eut une consternation générale; toutes les classes prirent part à ce
deuil, depuis le grand seigneur jusqu'au modeste ar-
tisan; c'était plus que des regrets, c'était de la douleur;
elle s'exprimait par des plaintes, et chez beaucoup de
gens par des larmes. Jamais une grande population ne
rendit un hommage plus solennel d'estime et de reconnaissance à un grand fonctionnaire. M. Narishkin,
que je rencontrai le soir même dans une maison, dit:
« Ma foi, puisque notre Gorgoly se retire, chaque soir,
je veux aussi me retirer chez moi, à la nuit tombante,
et barricader ma maison. » Ce mot, moitié plaisant,
moitié sérieux, rend parfaitement l'impression unanime
que causait la retraite du grand-maître : chacun avait
pris l'habitude de fonder son repos sur sa vigilance et
son activité.

*

Voici une anecdote qui donnera une idée de la finesse du général et de l'audace d'un filou russe. Ce dernier avait une frappante ressemblance avec le grand-maître de police (c'est dire qu'il était fort bel homme). Il résolut de tirer parti de cette ressemblance. Voulant compléter le prestige, il s'affubla de l'uniforme de major-général, endossa le manteau gris à grand collet, et poussa la recherche jusqu'à choisir *droschky*, chevaux et cocher, semblables à ceux du général. *De la sorte déguisé*, il se présente chez un riche marchand, et lui dit d'un ton très-naturel : « J'ai besoin à l'instant de vingt-cinq mille roubles pour une opération de police fort importante ; aller les chercher à la maison me causerait un retard préjudiciable ; prêtez-moi cette somme, et venez me trouver demain à neuf heures, je vous la rendrai. » Le marchand, ravi de la préférence qu'on lui accordait, court à son portefeuille et compte les vingt-cinq mille roubles au ménechme du général, qui disparaît aussitôt. Le lendemain, à l'heure convenue, le bon marchand russe se présente chez M. de Gorgoly, qui lui demande le sujet de sa visite. Cette question étonne le prêteur ; une explica-

tion s'ensuit, et il est reconnu que notre homme
a été volé.

Le général ordonne au marchand de l'attendre, demande ses chevaux et part. Il s'arrête
devant la première guérite de *boutchnik*, et
l'interroge en ces termes : « Hier, j'ai passé
devant toi à telle heure? — Excellence, oui. —
De quel côté m'as-tu vu aller? — De ce côté.
— C'est bien. » Même visite et même question
au boutchnik voisin. Après une vingtaine de demandes semblables, le général est sur la voie
du fripon; enfin, il reçoit cette réponse : « Après
être passé devant moi, vous êtes entré dans
cette maison que voilà sur la droite, n° ..... »
Le général se présente dans la maison indiquée,
suivi de deux dragons de police; il fait venir le
dvornik *, et lui demande des renseignemens sur
les locataires; enfin il entre dans un logement où
se cachait le voleur des vingt-cinq mille roubles.
Celui-ci, très-effrayé de cette visite imprévue,
avoue son escroquerie, restitue l'argent, et est
conduit en prison, d'où il ne sortira probablement que pour aller en Sibérie. Là, il pourra

* Le portier.

ressembler au grand-maître de police de Pétersbourg, sans inconvénient pour les portefeuilles
des gros marchands *.

* Le grand-maître de police, sous le règne de Catherine, était le général *Réleyeff*. Cet officier plaisait
autant à sa souveraine par ses amusantes naïvetés que
par son dévouement. L'impératrice lui dit un jour :
« Général, quand est-ce que votre femme doit accou-
cher? — Quand il plaira à Votre Majesté, » dit le grand-
maître. Une si parfaite soumission rappelle celle d'un
courtisan auquel son roi demandait : « Quelle heure est-
il? » Il répondit : « L'heure qu'il vous plaira, sire. »

Le général Réleyeff, faisant publier un ordre du jour
pour les pompiers, disait : « Les pompiers auront soin
de tenir leurs pompes dans le meilleur état possible, et
de bien nettoyer tous les ustensiles, particulièrement
la *veille d'un incendie*. »

ALEXANDRE.

Etre heureux comme un roi! dit le peuple hébété;
Hélas! pour le bonheur que fait la majesté?
En vain sur ses grandeurs un monarque s'appuie,
Il gémit quelquefois, et bien souvent s'ennuie!
VOLTAIRE, Discours sur l'homme.

JUSQU'A présent j'ai dit peu de choses d'Alexandre; on me reproche peut-être ce silence; toutefois, il y aurait de l'injustice dans ce fait; car, dans l'intérêt de la curiosité, je questionne beaucoup, mais on me répond peu, On ne parle guère de la cour dans les salons, et cette réserve, d'assez bon goût, déjoue mon désir de consacrer un chapitre à ce grand personnage. L'empereur, très-soumis à ses habitudes, vit solitairement, et s'absente de sa capitale la moitié de l'année. Je ne puis rien ajouter à ce que l'on connaît de sa vie politique, et

sa vie privée offre péu de matériaux à l'observateur, tandis que celle de Pierre-le-Grand est
riche d'anecdotes et de traits piquans, dont
plusieurs sont le sublime de l'originalité. Une
foule de ces détails échappèrent à l'habile pinceau de Voltaire. Si ce grand écrivain eût
cédé au désir de Catherine, nul doute que son
histoire de Pierre Ier n'y eût beaucoup gagné.
L'impératrice appela Voltaire et Diderot. Le
demi-talent fit le voyage ; le génie resta chez lui
et fit bien : les *pohéssies du roi mon maître* l'a-
vaient désabusé de l'atmosphère des cours.

Mon impuissance de parler de l'empereur de
Russie me causait de vives inquiétudes ; je voulais donner à mes compatriotes une idée de ce
monarque. Fort heureusement mon embarras se
dissipa bientôt ; un aide-de-camp d'Alexandre
me fournit, sur son maître, les particularités
que j'ai recueillies dans ce chapitre.

L'empereur voyageait, en Finlande, avec son
fidèle compagnon, le prince *Pierre Volkonsky*.
La voiture, attelée de six robustes chevaux,
gravissait une montagne sablonneuse et fort rapide. Aux deux tiers du trajet, le char recule
d'une manière inquiétante. Le prince Pierre dor-

mait profondément à côté de son maître, qui ne le réveille point, s'élance lestement de la ca-lèche, et pousse à la roue avec le cocher et les gens. La voiture gagne enfin le sommet. Le prince Volkonsky se réveille ; étonné d'être seul, il se précipite hors de la voiture, et aperçoit l'empereur s'essuyant le front et encore tout essoufflé de sa manœuvre.

L'année précédente, le souverain parcourait ses provinces du nord. En traversant un lac, situé dans le gouvernement d'*Arkangel*, il fut assailli par la plus violente tempête. Le pilote, effrayé de sa responsabilité, perdait la tête, et menait fort *mal sa barque* ; Alexandre, plus mo-deste que César, le rassura par des paroles de bonté : « Mon ami, lui dit-il, oublie que tu conduis l'empereur ; ne vois en moi qu'un homme en danger comme toi, et tâche de nous sauver si tu le peux. » La frêle embarcation erra long-tems sur les eaux sans pouvoir gagner le rivage. Comme cette bourasque n'était point prévue dans l'itinéraire de sa majesté, la faim se fit sentir. On s'était embarqué sans biscuits : on eut re-cours aux alimens grossiers du patron, qui ne s'attendait pas à l'honneur d'offrir une colla-

tion à son auguste passager. Le prince, en reconnaissance du déjeuner qu'il fit aux dépens de
son hôte, lui donna de quoi dîner toute sa vie :
jamais marin n'eut plus à se louer d'une tempête.

L'appétit d'un souverain me semble une chose
fort piquante, lorsqu'il ne peut le satisfaire ;
c'est si rare. Une circonstance de ce genre se
rattache à l'un des plus doux souvenirs de ma
vie, celui du passage de son altesse royale *Monsieur*, comte d'Artois, dans l'arrondissement que
j'avais l'honneur d'administrer au mois de septembre 1814. On avait préparé, au chef-lieu,
un repas splendide. Son altesse royale reçut
toutes les députations, et daigna s'entretenir
avec chacune d'elles ; puis regardant sa montre :
« Messieurs, dit le prince aux autorités, je regrette vivement de ne pouvoir déjeuner avec
vous ; mais je suis attendu à Châlons, et je ne
veux pas faire coucher trop tard les braves
jets du roi. » Nous fûmes consternés, et
nous nous rappelâmes tristement qu'en effet
l'exactitude est la politesse des rois. « Cependant,
ajouta le prince, je ne veux point quitter la
ville de Beaune sans y boire un verre de vin. »

Le prince le trouva excellent, et l'adjoint de la mairie dit en riant, et avec intention : « J'ai l'honneur d'assurer à votre altesse que nous n'en avons pas de meilleur. — Prenez garde, messieurs, répondit le prince, Henri IV sera jaloux *. »

Monsieur avait d'autant plus de mérite à nous affliger d'un refus, qu'il était parti de Dijon sans rien prendre ; qu'il avait subi une centaine de discours, et parlé à cent mille personnes rassemblées sur son passage. Lorsque nous quittâmes Beaune, le prince renouvela mes regrets, en me disant, avec beaucoup de gaîté : « Je meurs de faim ; mais la joie me nourrit. » Quand nous fûmes à la hauteur du joli village de Pommard, son altesse fit arrêter sa voiture à l'aspect d'une députation de jeunes filles. On éleva une jolie enfant à la hauteur de la portière ; elle offrit un panier de magnifiques raisins. Le prince, ravi de cet hommage, dit à ceux qui l'entouraient :

* Henri IV, faisant son entrée à Beaune, se récria sur l'excellence du vin qu'on venait de lui offrir. « Sire, lui dit naïvement un des échevins, nous en avons du meilleur. — Vous le gardez pour une meilleure occasion, reprit le roi avec gaîté. »

« Parlez-moi d'un compliment qui se mange! »
La petite fille fut remerciée très-gracieusement,
et les raisins eurent beaucoup de succès.

Il faisait un tems superbe; mais nous étions
abîmés de poussière. *Monsieur*, pour plaire à
tout le monde, avait consenti à faire son entrée
à Beaune en calèche découverte. L'immense
foule, pressée autour de son altesse royale,
pouvait contempler la noble figure qui fait re-
vivre celle du bon Henri. Je conjurai la garde
d'honneur à cheval de se tenir à quelque distance de la calèche; ces messieurs me le pro-
mirent; mais ils n'en firent rien. Le prince,
dont l'habit bleu était devenu blanc, me dit :
« Ah! Monsieur, quelle poussière! — Hélas!
monseigneur, répondis-je, *et la garde qui veille
aux barrières*..... » Le prince m'interrompit, en
disant : « Non, car elle l'augmente. »

Mais je me sépare de la France, du prince
bien-aimé, et je reviens dans le Nord. L'empereur partira pour la petite Russie le 26 août
prochain. Ce voyage embrassera une étendue
de sept mille quatre cent cinquante werstes *.

* Mille huit cent soixante-dix lieues.

On sera de retour dans la capitale le 2 novembre russe (14 de notre style). Peut-être trouvera-t-on une couleur de prophétie dans ces renseignemens sur les projets du maître ; eh bien ! cela se fera comme j'ai l'honneur de le dire ; il partira et reviendra à jour fixe ; car un ordre invariable préside à tous ses projets ; une fois formés, ils sont immuables.

On frémit de voir ce souverain parcourir sans cesse d'immenses distances avec une extrême vitesse. Les chances se multiplient à l'infini sous les pas d'un infatigable voyageur ; déjà il a éprouvé des accidens ; l'un d'eux laissa des traces que tout l'art de la médecine n'a pu faire disparaître. Lors de son dernier voyage dans les provinces qu'arrose le Don, il fut renversé violemment d'un *droschky*. La chute était grave : il y eut blessure à la jambe ; elle se serait guérie promptement, si, cédant aux instances du docteur Wylie, il se fût condamné au repos. La fatigue et l'absence de précautions envenimèrent le mal. A diverses époques, des érysipèles se portèrent sur cette jambe souffrante. Au moment où j'écris, l'empereur garde la chambre depuis plusieurs semaines. Les médecins n'ont point été sans inquiétude, et j'ai rencontré dans le monde plus d'un visage très-soucieux ; mais le tempérament du prince prend le dessus, et le voyage aura lieu ; d'ailleurs le mois d'août n'est pas encore là.

Ces courses lointaines sont d'autant plus lassantes, que le départ, les arrivées, les séjours, tout est prévu, arrêté d'avance. Il faut se trouver dans tel endroit, à telle heure, sous peine de faire attendre tel régiment ou telle division à laquelle on donna rendez-vous. L'empereur est d'une ponctualité qui désespère son médecin. Après deux ou trois nuits passées dans une voiture, les voyageurs sans couronne, charmés de trouver un bon gîte, se livrent aux douceurs du repos ; mais l'empereur se délasse d'une fatigue par une autre : c'est une revue à passer, des administrations à recevoir, les colonies militaires à visiter, un établissement à créer, des plans à examiner, etc., etc. Le sommeil et les repas ont grand'peine à se glisser dans les loisirs d'une vie si occupée.

Tous les pas d'un souverain sont tellement comptés par la curiosité publique, qu'elle tient exactement registre des distances que l'empereur a parcourues jusqu'à ce jour ; le nombre s'élève à deux cent mille werstes (cinquante mille lieues) ; c'est déjà quelque chose , et chaque année les chiffres s'accumulent.

Lors du voyage qui altéra sa santé, ce prince, en arrivant dans une ville de la Petite-Russie, éprouva le besoin de se délasser par la marche, d'un long séjour en voiture. Laissant sa suite, il sortit seul, vêtu d'une redingote militaire, sans aucune marque distinctive. Au détour d'une rue, il vit, sur la porte d'une maison, un homme en capote, qui fumait son cigare. Il s'approcha de lui pour prendre quelques renseignemens. L'officier répondit d'assez mauvaise grâce. L'empereur ajouta cette question : « Permettez-moi de vous demander quel est votre grade militaire? — Ma foi, devinez. — Monsieur est peut-être lieutenant? — Montez plus haut. — Capitaine? — Montez, montez. — Major? — Allez, allez. — Eh bien! chef de bataillon? — Ah! vous y voilà enfin, ce n'est pas sans peine. (Ces réponses étaient faites d'un ton suffisant et assaisonnées de fumée.) A présent, c'est mon tour, Monsieur le voyageur, dit l'officier ; vous-même, quel est votre rang militaire? — Mais...

devinez. — Oh! du premier coup; vous êtes capitaine? — Montez plus haut, je vous prie. — Major? — Vous n'y êtes pas. — Chef de bataillon? — Un peu plus haut. — Colonel? — Encore. (A ce mot, l'officier cessa de fumer.) — Général-major? — Allez, Monsieur. (L'officier se redresse, et prend une attitude respectueuse.) — Votre excellence est donc lieutenant-général? — Vous approchez. — En ce cas, j'ai l'honneur de saluer son altesse sérénissime le feld-maréchal?..... — De grâce, Monsieur le chef de bataillon, encore un léger effort. — Ah! Sire, s'écrie l'officier d'une voix émue, mille fois pardon; pouvais-je croire que l'empereur....... — Vous ne m'avez point offensé, et pour vous le prouver, si vous sollicitez quelque grâce, je me ferai un grand plaisir de vous obliger. »

Les jardins de *Tsarskoé-Sélo*, résidence favorite, ne sont jamais fermés au public ; quel que soit le goût du prince pour la solitude, il ne veut pas priver les habitans, ni les étrangers, du plaisir de se promener dans ce lieu d'enchantement! mais sa complaisance ne saurait aller plus loin. Il souffre impatiemment qu'on lui parle

ou qu'on lui présente une supplique lorsqu'on se
trouve près de lui ; il n'existe point de loi à cet
égard, mais souvent les usages sont plus forts
que la loi.

M. *Béakre*, né à Cologne, exerce ici la profession d'avocat, ou d'agent d'affaires. Il connaissait parfaitement l'étiquette observée dans
le parc impérial ; cependant il avait un vif désir
de parler au souverain. Le succès d'une affaire
confiée à ses soins dépendait de quelques minutes d'audience en plein air. La réclamation
de son client, M. *Land*, avait été rejetée par les
agens de la couronne. M. Land était locataire
d'une cave où se faisait la vente de ses vins ; cette
cave appartenait à l'une des maisons que vient
d'acheter la couronne pour symétriser la place
du Palais et construire les arcades de la *Petite-
Millionne*. Une des clauses du contrat de location portait que, si, par événement, la maison
était cassée * ou vendue, M. *Land* recevrait de
l'acquéreur, pour indemnité d'évacuation, la
somme de vingt-trois mille roubles. Le gouver-

* Cette expression, qui serait impropre en France,
est d'usage ici, parce que les maisons sont construites
en briques. On dit : « J'ai fait casser cette maison. »

nement, en achetant cette maison, devenait passible de cet engagement, au moins c'était l'opinion de l'avocat. M. Land se refusa nettement à vider les lieux avant d'être satisfait. Les travaux restant en souffrance, on fit sortir les vins de vive force, et ils éprouvèrent des dommages. Une plainte fut adressée à l'empereur, par la voie du maître des requêtes Kikine ; point de réponse. C'est alors que M. *Béakre*, désespérant d'obtenir justice, forma le projet de la demander lui-même à sa majesté, bien sûr de l'obtenir s'il parvenait à se faire entendre. Il s'arme de courage, et part pour Tsarskoé-Sélo. Cette première épreuve ne fut point heureuse ; les allées sont immenses ; l'empereur ne passa point dans les lieux où l'attendait le pétitionnaire. Au second voyage, le prince rencontra l'avocat ; celui-ci espéra qu'en apercevant un papier et son air suppliant, le monarque daignerait prendre l'initiative ; mais cette demande tacite ne réussit point : Alexandre se contenta de saluer, rentra dans son palais, et le soir même revint à Pétersbourg. M. Béakre y revint aussi, très-contrarié, mais point découragé. Quinze jours après, nouveau voyage. On était fort avant dans l'automne, un vent de nord-est agitait violemment les grands arbres du parc ; tout le monde avait fui ; le monarque seul et le pétitionnaire continuaient leurs courses solitaires. Le hasard servit enfin ce dernier : au pied de la colonnade de *Camerone*, il se trouva en face du maître, et lui adressa courageusement la parole. L'empereur lui dit assez brusquement : « Monsieur, mettez votre chapeau, l'air est trop vif pour rester nue tête. » Le jeune homme crut ne pas devoir obéir à cet ordre ; il fut renouvelé. « Couvrez-vous, Monsieur, couvrez-vous donc, » ajouta le prince avec impatience ; et comme l'avocat hésitait encore, Alexandre s'approche, prend le chapeau, l'enfonce d'une main sur la tête de M. Béakre, et de l'autre retient son bras pour l'empêcher de l'ôter (je recommande ce sujet à un de nos peintres de genre). Alors l'avocat expose rapidement sa demande ; l'empereur l'écoute, et lui dit d'un ton sévère : « Prenez garde, Monsieur, ne me trompez point ; songez que l'argent de la Russie n'est pas à moi ; sur quoi fondez-vous cette réclamation ? — Sire, voilà une supplique. — Monsieur, je ne la prendrai point, car demain on m'en pré-

senterait mille. Regardez de ce côté (en désignant sainte Sophie); déposez ce papier au bureau de poste, je le recevrai dans une heure.
— J'y cours, Sire; mais au moins que votre
majesté daigne jeter les yeux sur la clause du
contrat de location (et il tenait ce contrat ouvert). » L'empereur, vaincu par cette respectueuse insistance, lut rapidement la clause, et
s'éloigna en disant : « La réclamation me semble de toute justice; demain, l'argent sera
compté; » et il le fut.

Un jour d'été, l'empereur se promenait avec
ses deux chiens favoris, qui, en courant, ef-
frayèrent une dame étrangère. Il vint à elle,
lui fit des excuses, et poursuivit sa promenade
avec cette dame et les personnes qui la sui-
vaient. Il eut la bonté d'être quelques instans
son *cicerone*, et de lui faire voir plusieurs choses
remarquables. « Monsieur, lui dit l'étrangère,
tout cela est certainement fort beau; mais j'ai-
merais encore mieux que vous pussiez me faire
voir l'empereur. — Mon Dieu, Madame, rien
de plus aisé, il se promène souvent dans ses
jardins, et vous le verrez plus tôt que vous ne
pensez; je crois même que la journée ne se pas-

sera point sans que vous lui parliez. » Après ces mots, il salua, et se perdit dans un bosquet. En le quittant, la dame trouva un officier de la cour, auquel elle demanda le nom de ce colonel si gracieusement poli! « C'est l'empereur, Madame, répondit le courtisan. »

Je recueille souvent des témoignages bien touchans d'amour et de vénération pour Elisabeth, l'impératrice régnante, cette noble victime de tant de douleurs, et que rien ne console de la mort de ses enfans. Les sentimens profonds qu'inspire cette princesse descendent du sommet de la société jusqu'aux dernières classes; ils remplissent tous les cœurs, et pourtant Elisabeth ne recherche pas plus les hommages que la violette ne va au devant de la main qui la découvre; mais souvent sa modestie est déjouée. Le peuple ne se contente point de l'aimer, il saisit toutes les occasions de prouver hautement qu'il aime.

Il y a quelques jours, un des officiers de cette princesse vint annoncer que, le lendemain à dix heures, sa majesté visiterait un des ouvrages publics en construction. L'entrepreneur fut ravi et consterné à la fois. Six heures du soir venaient

de sonner, rien n'était prêt pour cette réception; dans quelques instans les ouvriers allaient
quitter l'ouvrage, et la pluie tombait par on-
dées. Comment faire? Le chef n'osait proposer
de passer la nuit sur les ateliers; en donner
l'ordre était encore moins possible. Cependant
un bruit sourd se répand qu'on attend le lendemain un membre de la famille impériale. Les
ouvriers entourent le chef en disant : « Qui doit
venir demain? — L'impératrice Elisabeth. —
C'est elle! Eh bien! il ne pleut pas, et il ne
fera pas nuit! s'écrie l'un d'eux. » Aussitôt
l'élan devient général, on se met à l'ouvrage
avec une ardeur inconcevable; le plaisir de
travailler pour Elisabeth double les forces; on
sable les allées qu'elle doit parcourir, on dis-
pose les rampes, personne ne songe à se reposer. Le lendemain à huit heures tout était prêt.
Peut-être l'impératrice n'aurait pas dormi, si
elle avait su que ces braves gens recevaient la
pluie sur le dos pour qu'elle ne se mouillât point
les pieds. Il n'est donné qu'aux angéliques vertus
de produire des scènes si touchantes. Quelle expression d'amour et de dévouement dans ces
paroles : « Il ne pleut pas, il ne fera pas nuit! »

— N° XXXVII. —

LOTERIE.

On hasarde de perdre en voulant trop gagner.
La Fontaine, *Fables.*

Un seigneur de ce pays se livrait à de vastes spéculations ; il était fort riche, et le public lui supposant autant de bonheur que de génie, tous les portefeuilles lui étaient ouverts. Des intérêts, portés à dix pour cent et payés d'avance, donnaient à ce placement l'apparence d'une faveur. La chancellerie du comte était le rendez-vous des grandes et petites fortunes ; on y recevait les plus forts capitaux et le denier de la veuve.

Tout à coup le comte meurt : dès le lendemain un bruit sinistre se répand dans la ville ; le jour suivant il se fortifie. C'est vainement qu'on repousse la lumière, la chose n'est que

trop certaine ; le riche comte est mort insol-
vable.

C'était une consternation générale ; on plaignait moins quelques *Crésus*, qui n'avaient pas
mis tous leurs œufs dans ce riche panier, qu'une
foule de prêteurs modestes dont les économies
se perdaient dans ce naufrage.

Cependant la fortune immobilière du défunt
restait encore debout ; en la sacrifiant intégralement les créanciers retiraient tout au plus
vingt-cinq à trente pour cent, encore n'était-ce
qu'une éventualité ; l'importance du dividende
dépendait des chances de la vente. C'est alors
qu'on eut l'idée d'une loterie ; elle offrait l'unique moyen de prévenir la ruine d'une multitude
de petits créanciers : cette considération était la
seule qui pût triompher de la répugnance de
l'empereur pour cette sorte de jeu. Il autorisa
donc la loterie, mais en l'accordant il laissa
voir jusqu'à quel point elle contrariait ses principes.

On nomma une commission chargée d'organiser cette loterie. L'opération n'était pas facile ;
il ne s'agissait de rien moins que de prélever un
impôt volontaire de *huit millions cinq cent mille*

roubles sur la cupidité, et aussi sur l'attrait de la nouveauté, toujours puissant en Russie.

Le plan adopté fut plus bizarre qu'ingénieux ; il statuait, comme premier point, que sur cent soixante-dix mille billets de cinquante roubles, mis en émission, six mille seraient gagnans ; mais dans cette énorme quantité de joueurs favorisés par le sort, quatre mille cinq cents ne devaient recouvrer que leur mise. Le public se récria avec raison contre ce nombre exagéré de petits lots : « Toute personne, disait-on, qui a le moyen de jeter cinquante roubles aux pieds de la fortune, fait son deuil de cette somme légère. A l'espoir de la recouvrer chacun préférerait voir s'agrandir les chances de succès. » Les petits lots au dessous de cinquante roubles s'élevaient à soixante-quinze, cent, deux cents et cinq cents. Tous ces pâles bonheurs seront une sorte d'insulte du hasard ; quelle pitié de se voir favorisé pour si peu de chose ! Ceux qui gagneront éprouveront plus de dépit que les perdans.

Voilà le côté très-défectueux du travail de la commission ; il annonce dans les ouvriers une ignorance complète des passions humaines, et frappera de lenteur le placement des billets. Il fallait supprimer ces milliers de chances misérables pour augmenter le nombre des brillantes amorces.

Le premier billet sortant gagnera vingt-cinq mille roubles ; ceux précédant ou suivant immédiatement le gros lot, gagneront cent mille roubles, et le dernier sortant, deux cent mille. De plus, deux petites terres, une belle maison, et quelques lots de cinquante, dix et cinq mille roubles, compléteront le nombre des appâts offerts aux joueurs ; enfin, la terre de *Vorolinets*, évaluée, d'après l'estimation de la commission, à trois millions de roubles, formera le gros lot. Il est le seul dont on s'occupe et que tout le monde veut gagner ; les autres ne jouissent d'aucune considération, et semblent ne tenter personne.

Jusqu'alors le *maximum* des chances d'une loterie s'était borné à un diamant de faible valeur, à des livres ou à quelque brillant colifichet. La Russie était donc vierge de ces fortes émotions que donne l'espoir d'une belle fortune acquise par enchantement et avec la rapidité d'un tour de roue.

Enfin, le prospectus paraît; il court, il vole de maison en maison; on se l'arrache, on le lit et le relit, on le commente, on le critique, on le traduit dans toutes les langues pour l'expédier dans tous les pays; il enflamme tous les esprits de cette capitale, vouée par la nature des choses à un calme profond. Maris, femmes, vieillards, jeunes gens, riches, pauvres, officiers et soldats, esclaves et valets, tous les rangs, toutes les conditions sont en émoi; chacun est plus ou moins atteint de la fièvre à la mode. Le soir de cette publication, un voyageur de commerce descendit chez son correspondant, qui le reçut d'un air distrait. « Pardon, Monsieur, lui dit-il ensuite, depuis ce matin il s'est déclaré ici une maladie contagieuse qui nous préoccupe tous. — Et quelle est cette maladie, demanda, d'un air effrayé, le voyageur?—Monsieur, répondit gravement le banquier, nous avons le *prospectus!!* »

Bientôt la renommée, ou plutôt la poste, propage cette loterie jusqu'aux extémités de l'empire. Déjà la riante espérance se glisse dans les solitudes du Kamtchatka; elle parcourt les vallons de la Crimée, les montagnes de la Mongolie, et les bords glacés de la mer Blanche ; elle pénètre dans les monastères, dans les académies, dans les garnisons et sous la tente paisible des guerriers gardiens de la rive gauche du Pruth. Déjà les Polonais, les Lithuaniens et les graves habitans de la Livonie, se laissent entraîner aux illusions de *Vorolinets*. Le gros lot devient le point de mire de quarante-cinq millions d'hommes : quelques pages d'impression ont le pouvoir de tourner toutes les têtes. Un philosophe russe, étonné de ce prompt effet, s'écria : « Qu'on vienne me dire à présent que nous ne sommes pas en maturité pour la liberté de la presse. »

Chaque jour je vois la maladie faire des progrès : on se porte en foule vers les bureaux de distribution ; chacun tremble d'arriver trop tard. « Eh ! messieurs et mesdames, suis-je tenté de leur dire, songez donc à cette énorme quantité de cent soixante-dix mille billets ; on vous en donnera, n'ayez crainte, il en restera pour tout le monde. » Cette folie est le portrait en miniature de celle qui affligea notre France lors du système de *Law*.

Le jeune Michel entre brusquement chez moi ;

il est agité, hors de lui : je le questionne, il me montre le prospectus. Je ne lui demande plus rien, tout m'est expliqué. « De grâce, asseyez-vous, reposez-vous. — Me reposer! m'asseoir! lorsque tout le monde s'agite! je vais me rendre au bureau pour y prendre trois cents billets. — Etes-vous fou? trois cents billets! — Non, je suis très-raisonnable; une aussi belle chance ne se présentera plus. — Mais vous n'avez pas à vous plaindre de la fortune. — Bah! j'ai trente mille roubles de rente; qu'est-ce que cela chez nous? c'est moins que rien; je suis pauvre, comparativement à une vingtaine de mes camarades du régiment: le gros lot nous mettra de pair. — Ainsi, vous espérez gagner?—J'en suis sûr. — Avez-vous réfléchi au nombre des concurrens? —Sans doute; nous ne serons que cent soixante-dix mille. — Eh bien? — Eh bien! je gagnerai *Vorolinets*. — Songez donc que jamais la fortune ne jeta plus impudemment le gant à la niaiserie publique. Porter votre argent au bureau ou l'offrir à la Néva, c'est à peu près la même chose. L'Evangile nous dit : *Multi vocati, pauci verò electi ;* cette loterie offre encore moins de chances; car il faut bien espérer qu'il y aura

plus d'un élu par cent soixante-dix mille pé-
cheurs. Croyez-moi, accordez trois cents roubles à votre imagination, et... » Je parlais encore lorsque je m'aperçus que mon officier était
parti.

Immédiatement après j'entendis un grand va-
carme sur mon escalier ; plusieurs femmes parlaient confusément : c'était un tapage diaboli-
que! Je m'informe, et l'on me dit que ce sont les
cuisinières de tous les étages de la maison qui
se cotisent pour prendre un billet ; la nôtre est
du complot : elles sont dix ; chacune fournit cinq
roubles. Elles prétendent qu'avec le dixième de
trois millions elles pourront ne plus faire la cuisine des autres, ni même la leur. En attendant
cet heureux jour, elles vont en corps boire la
délicieuse *vodka* : allons, la fièvre a gagné les
fourneaux.

Il y a peu de tems, un Russe de ma connaissance se trouvait chez le grand-maître de police,
au moment où deux personnes vinrent porter
leurs plaintes ; il entendit le dialogue suivant
entre un marchand russe et une vieille dame.

LE MARCHAND.

Mon général, j'ai vendu une maison à madame, le 10 mars dernier; elle est payable en quatre termes, voilà le contrat; deux termes sont échus, et je ne puis obtenir un kopek.

LE GÉNÉRAL.

Madame, qu'avez-vous à répondre?

LA DAME.

Je dois dire à votre excellence que ce créancier est un homme très-désagréable; je lui promets de solder les quatre termes assez prochainement, et sans profiter des échéances.

LE MARCHAND.

Oui, mais en attendant vous ne payez rien, et vous jouissez de ma maison.

LE GÉNÉRAL.

Madame, quelle époque assignez-vous à l'exécution de vos engagemens?

LA DAME.

Le jour même où le gros lot de la loterie sortira: j'ai pris tous les billets que voici (ouvrant son portefeuille), j'y ai consacré l'argent destiné à mon vendeur; c'est autant dans son intérêt que dans le mien, puisqu'il sera payé intégralement, et que, devenue riche, je pour-

rai même lui tenir compte des intérêts à dix
pour cent, s'il le veut.

LE MARCHAND.

Oui, c'est comme si vous me donniez des va-
leurs sur les brouillards de la Sibérie.

LA DAME.

Qu'appelez-vous des brouillards? brouillards
vous – même : voilà un 118 que j'ai rêvé cinq
nuits de suite; à lui seul, il vaut cent fois votre
ennuyeuse maison, que tout le bois de Pétersbourg ne saurait chauffer.

LE GÉNÉRAL.

Madame, les affaires se font comme les affaires. La loterie ne se tirera peut-être pas de long-
tems; elle n'a rien de commun avec l'achat
d'une maison : dans trois mois, si vous ne rem-
plissez vos engagemens, il y aura expropriation,
et vous paierez tous les frais.

Ici se termina l'audience, et la vieille dame,
en se retirant, grommelait et disait : «Les brouillards! les brouillards!» De son côté, le marchand répétait sur le même ton : « Le gros lot,
le gros lot! quelle folle! »

Le soir même, je fus chez la princesse Ma-

rie ; c'était *son jour*. De quoi parlait-on? de la
loterie ; mais comme les choses se passent toujours mieux chez elle qu'ailleurs, on demanda
à chacun quel emploi il ferait du gros lot. L'i-
dée me sembla excellente ; les caractères vont
se dessiner, écoutons. Le chambellan Grégoire
s'étend lourdement sur la somptuosité de son
nouveau mobilier, les tableaux, les bronzes,
les tentures, les riches tapis..... Le colonel
Voldemar l'interrompt brusquement au détour
d'une salle à manger, et prenant en pitié ses projets
d'embellissemens : « Quant à moi, princesse, dit-il, quinze jours après le tirage je demande un congé de cinq ans ; il n'y a pas de
guerre, on me l'accorde ; je pars, et le monde
entier devient ma conquête. J'irai partout ; je
veux tout voir, tout connaître, depuis le Japon
jusqu'au Mexique, depuis les murs de Jérusa-
lem jusqu'aux gothiques châteaux dépeints par
Walter-Scott. De retour en France, je m'établis
dans *notre bonne ville* *, puis je vais à Londres
et à Naples donner des fêtes brillantes. Cinq an-

---

* Par cette expression, l'interlocuteur veut désigner
la ville de Paris.

nées me suffiront de reste pour compléter cette partie de plaisir et dévorer mes trois millions. Pendant ce tems, mes revenus paieront mes dettes, et lorsque j'arriverai joyeusement au fond du sac, c'est-à-dire aux derniers cinq mille roubles, je reviendrai tout bêtement reprendre ma loge au théâtre, mes promenades à *Krestowsky* et au jardin d'Eté, enfin toute la monotonie de mes habitudes, à moins que l'empereur nous permette d'aller nous battre contre les Turcs, ce qui me plairait encore plus. — Comment, Monsieur, reprit un riche sénateur, vous ne ferez point participer vos compatriotes aux faveurs que vous accordera le sort? — Non, M. le comte, j'ai fait assez pour eux; la société est d'une nature ingrate, elle se moque de ceux qui se ruinent pour lui plaire. A la suite de ma dernière grande soirée, j'eus un rhume qui me retint six semaines chez moi; eh bien! sans mon oncle, je serais resté constamment seul; il ne vint à l'idée d'aucun de mes joyeux convives de visiter le pauvre amphytrion mourant d'ennui dans son fauteuil. Quand j'ai une douzaine de personnes à dîner, nul ne me tient compte du talent de mon artiste cuisinier, ni du sel de mes anecdotes; aussitôt le café pris, chacun décampe, c'est la mode russe ; on ne sait pas digérer sur place ; on ne connaît pas, ce qui peut-être est préférable au dîner, une bonne et longue causerie au coin du feu ; on y est amoureux des rapides transitions. Eh bien ! moi qui suis Russe comme vous tous, je veux aller chercher la variété jusqu'au bout du monde. — Bon voyage, dit en riant le caustique baron ***, bien fous seront ceux qui pleureront votre départ; je ne conçois guère qu'on puisse former le projet d'aller gaspiller dans l'étranger une aussi belle somme qui vous tombe des nues ; j'abhorre les voyages, et je préfère mon pays à tous les autres ; le gros lot ne fera que m'y enraciner encore plus. — Très-bien, baron, reprit la princesse Marie, mais cette profession de foi toute patriotique ne nous apprend pas ce que vous feriez du trésor. — Il m'en coûte de vous le dire, car c'est une surprise que je voulais ménager à tout le monde ; ainsi je vous conjure de me garder le secret. La personne qui possède notre délicieux *Krestowsky* manque d'imagination, et semble ignorer tout le parti qu'on peut tirer de cette île charmante ; c'est un diamant brut entre ses mains. Toutes les maisons tombent en ruine, faute de réparation: moi, j'achète cette propriété, et j'en fais, dans l'intérêt public, un lieu de délices; Vauxhall, Champ-de-Mars pour la course des chevaux, salle de concert, théâtre, Ranelagh, guinguettes, café de bonne compagnie, grandes et belles routes pour les voitures, promenades à perte de vue, illuminations, je veux que tout s'y trouve; je veux que ce beau séjour devienne à la fois le Tivoli et le bois de Boulogne de Pétersbourg. Un modeste pied à terre me suffira; mais j'y ferai construire un belvédère d'une immense hauteur, afin de contempler les plaisirs et les jeux que tout le monde devra à ma munificence. Je ne sais, mais cette idée me paraît plus libérale que celle d'aller visiter les Chinois et les Mexicains. »

Nous rêvâmes ainsi jusqu'à une heure; le souper vint fermer le champ des illusions. Je ne dois pas oublier que plusieurs idées nobles et charitables se glissèrent au milieu des intérêts personnels; les femmes surtout eurent, dans ce genre, des pensées très-ingénieuses; mais la comtesse Sophie, qui a trois cent mille roubles

de rente, s'est fait long-tems tirer l'oreille pour
la fondation d'un petit hospice.

Il n'y a point de salon où chaque fois on ne
recueille quelques traits plaisans. Mme Eudoxie
entoure ses billets d'amulettes et de talismans.
La nuit elle les place sous son oreiller pour rêver plus délicieusement. Que dis-je? elle rêve
tout le jour : depuis dix-huit mois sa vie est un
songe perpétuel. La princesse Catherine passe
la sienne à faire des neuvaines.

Le comte Serge se plaint avec douceur d'a-
voir été volé par ses gens, dont jusqu'alors la
fidélité fut parfaite. Ainsi la loterie ébranla des
milliers de consciences : ces fripons de circonstance se disent, en volant, qu'ils pourront resti-
tuer au centuple l'argent dérobé; chacun veut
acheter des songes, des projets et des enchantemens.

La fièvre populaire est encore plus piquante
et plus variée dans ses accès que celle des hautes
classes. Les bonnes femmes consultent les sor-
ciers et les magiciens; toutes les mains s'ouvrent
devant la baguette devinatoire, tous les jeux de
cartes sont en l'air; les grandes et les petites
dames, fixées devant une table, font du matin

au soir la grande et la petite *patience*. On voit
des figures devenir radieuses à l'aspect d'un as
de trèfle ou d'un roi de cœur, qui leur promet
Vorolinels.

L'ouvrier, amolli par ses illusions, travaille
sans vigueur; l'enclume est moins retentissante,
et le rabot se promène avec nonchalance sur la
planche de chêne et d'acajou. Jamais les caba-
rets ne furent plus visités; les joueurs, le verre
en main, portent des toasts à la fortune; enfin,
chose prodigieuse, les créanciers sont moins
âpres, et laissent respirer leurs débiteurs; la
loterie est devenue l'intérêt dominant, l'intérêt
unique.

Que j'aime l'ingénuité de ce gentilhomme
campagnard du gouvernement de Vologda, écrivant à son ami de Pétersbourg : « J'ai pris cinq
» billets; comme je n'ignore pas le crédit dont
» vous jouissez près des ministres, j'espère que
» vous voudrez bien me servir dans cette cir-
» constance, et faire sortir l'un de mes numé-
» ros, dont je joins ici la note...... Ayant peu
» d'ambition, je me contenterai d'un petit lot
» de cent à deux cent mille roubles. Je me re-
» pose sur votre amitié. »

La spirituelle princesse Varinka disait, en faisant allusion à l'innombrable phalange des joueurs : « Le gros lot me semble si difficile à obtenir, qu'il m'est venu cent fois dans l'idée que personne ne le gagnera, pas même moi. »

Le comte Pierre s'est réveillé l'autre jour en sursaut ; il sonna avec une violence qui donna de vives inquiétudes. Trente-cinq domestiques se précipitèrent dans sa chambre : le comte venait de rêver un numéro ; la moitié des gens fut mise en campagne pour chercher ce billet au bureau de la commission ; on ne le trouva point. Malheureusement il appartenait à un joueur qui lui-même y croyait beaucoup : le comte se lève, va le trouver, et laisse trop voir la violence de son désir. Le propriétaire ne veut le céder que moyennant vingt mille roubles : le comte Pierre les donne. Quelle immense folie, me direz-vous ? Eh bien ! non. En Russie, c'est une chose raisonnable ; jusqu'au moment du tirage le comte sera le plus heureux des hommes ; on sait qu'il est fort riche, et le bonheur doit se payer très-chèrement.

Ah ! pour le coup, j'en veux au gros lot, puisqu'il put désunir un excellent ménage. Un di-

vorce entre Philémon et Baucis ne vint jamais à
la pensée, n'est-ce pas? Eh bien! M. et Mme Papaloff (c'est un nom en l'air), qui s'aimaient
éperduement depuis quarante-cinq ans, sont
maintenant comme chien et chat. Une scène
très-orageuse eut lieu lorsqu'on en vint à dis-
cuter l'emploi des trois millions qui se join-
dront bientôt à leur cinquante mille roubles de
rente. Le mari prit la plume, et le ménage resta
parfaitement d'accord pour les deux premiers
millions. Mais, arrivé au troisième, M. Papaloff
exprima formellement la volonté d'en disposer
en faveur de sa famille et de quelques établissemens de charité : sa femme refusa d'y consen-
tir dans des termes formels et peu mesurés.
« Ah! Madame, s'écria l'époux, il y a quarante
ans que je m'aperçois de l'incompatibilité de nos
humeurs. — Ma foi, Monsieur, je me contrai-
gnais, mais puisque vous m'y forcez, je dois vous
dire que vous êtes d'un caractère tout-à-fait in-
sociable; il y a trop long-tems que vous abusez
de ma douceur. — C'est bien à vous de parler
de douceur, vous moderne Xantipe!! — Eh!
Monsieur, n'allez-vous pas vous comparer à
Socrate? il y a mille werstes entre vous et un

sage : vos arrangemens de fortune sont ceux d'un extravagant. — Et les vôtres, Madame, sont ceux de la plus avare des femmes. » Sur ce, Mme Papaloff sonna vivement, demanda ses chevaux, et se fit conduire chez sa sœur, où elle est encore. Son mari coucha seul pour la première fois depuis quarante-cinq ans ; on est persuadé qu'ils se ressaisiront le jour où ils ne gagneront pas le gros lot. Voyez l'effet prodigieux d'une passion nouvellement importée dans un pays encore innocent de loterie.

Un parasite très-connu imagina le plus singulier moyen de gagner à la loterie sans y mettre ; ce qui fera tomber la plaisanterie *d'arlequin*. Il s'adresse aux forts joueurs qui ont depuis cinquante jusqu'à trois ou quatre cents billets ; prenant l'air prophétique, il dit : « J'ai le pressentiment que vous gagnerez *Vorolinets*. Ces notions secrètes ne trompent jamais. — Bah ! vous croyez ? — J'en suis sûr. — Ma foi, je ne demande pas mieux, et cela serait assez juste ; dans ce cas je vous promets un joli cadeau. — Vrai, je vous prends au mot : voilà un petit calepin, signez la promesse de vingt mille roubles si vous avez le gros lot. — Ah ! mon Dieu !

très-volontiers; d'ailleurs cet engagement me portera bonheur. » Et mon homme signe, et le parasite va ainsi colportant son calepin de dîners en dîners. On assure que sa collection se compose déjà de dix mille chances, par la quantité de numéros dont les signataires se trouvent pourvus.

On citait une princesse très-riche qui habite la province; elle avait une créance de six cent mille roubles sur le comte Golovin; elle a accepté le remboursement en billets de loterie : ainsi, cette dame possède douze mille manières d'arriver au but.

Moi, je n'en ai qu'une, et j'ai la faiblesse de la croire plus directe que les autres. Oui, je serais au désespoir de me montrer plus raisonnable que tout le monde; je m'écrie comme le Victor des *Châteaux en Espagne :* « Et mon billet! » Déjà je bâtis un pavillon dans ma délicieuse retraite! j'agrandis mes jardins, j'embellis mon parc, j'érige en grosse terre ma trop petite terre de *Perreuse*, je n'oublie pas un hospice dans mon village; j'y place quatre sœurs grises, qui soigneront tous les malades du canton; j'enrichis un peu notre église, qui est fort

jolie, mais qui est encore plus pauvre ; enfin,
je rêve bourgeoisement, ne voulant pas trop
m'étendre pour éprouver moins de regrets lorsqu'il faudra redevenir *Gros-Jean comme devant.*

Croirait-on que le grave corps diplomatique
s'est élevé à la hauteur des illusions régnantes,
et se laisse doucement bercer par elles ; mais
où ne se berce-t-on pas? De quelle contrée ne
dirige-t-on pas ses regards vers ce quine tant
envié? Dans l'espace de dix-huit mois les billets
se sont propagés partout comme une marchandise ; Canton et Rio-Janeiro, Paris et Londres,
Naples et Constantinople, les Etats-Unis et les
républiques très-désunies de l'Amérique méri-
dionale, participent à la folie russe.

Encore une anecdote dans les plus choisies,
car elles seraient innombrables.

M. *Harre,* vieillard respectable de la colonie
allemande, rêve qu'il y a de l'argent caché entre
deux feuilles d'un paravent ; à son réveil il vé-
rifie le fait, et trouve une assignation de cinquante roubles. Quel avertissement de la fortune!!! C'est précisément la valeur d'une mise.
Un traîneau rapide le transporte au bureau de
distribution ; il n'a garde de choisir le numéro ;

il se fie trop bien à la main qui le guide. Le hasard
lui donne 22,222.... Cinq deux!!! Encore un
fortuné présage! C'est le ciel qui parle! en dou-
ter serait méconnaître le doigt de la Providence. Sa conviction se fortifie avec les jours et
les mois; enfin, il se familiarise tellement avec
ce bonheur à venir, qu'il en fait une réalité.
Mais bientôt il tombe malade, et comme il est
le plus charitable des hommes, il veut employer
noblement et pieusement sa grande fortune. Le
notaire est appelé; M. Harre lui dicte un énorme
testament, dont la principale disposition est la
fondation d'un hospice; le nombre des lits, celui des gens au service des malades, le traite-
ment du directeur, du médecin, etc., etc.; tout
est prévu, tout est déterminé. Mme Harre, les
larmes aux yeux et avec une grande douceur,
représente à son mari qu'en se montrant si généreux pour la fondation d'un hôpital, il pourrait bien y envoyer ses enfans et sa femme. L'é-
poux lui impose silence avec ce ton solennel
que donnent les approches de la mort. Le notaire, qui n'est point dans le secret, s'étonne
et pose ses lunettes sur la table; il regarde le
malade avec hésitation; mais subjugué par son

air d'assurance, il reprend docilement le travail sans se permettre aucune demande. Toutes les formalités remplies, M. Harre signe, et place sous son chevet le précieux écrit, dont le notaire garde un double. Ce travail dura trois jours.

Bientôt le testateur mourut, conservant, jusqu'au dernier soupir, ses illusions bienfaisantes. On conviendra que la fortune serait adorable si elle s'avisait de les réaliser.

— N° XXXVIII. —

LA RELIGION.

A la religion discrètement fidèle,
Sois doux, compatissant, sage, indulgent comme elle.
VOLTAIRE, *Religion naturelle.*

L'ÉGLISE grecque ne reconnaît point le pape comme chef suprême de l'Eglise. Elle condamne l'addition que l'Eglise latine a faite au symbole de Constantinople, pour exprimer que le Saint-Esprit procède du Père ; elle nie qu'on puisse consacrer avec du pain azyme. La communion se fait sous deux espèces: les enfans en bas âge sont admis à la confirmation, et même à la communion. Il arrive souvent que ces deux sacremens leur sont administrés avec le baptême. Dans le clergé, il n'y a que les évêques, les archimandrites et les moines qui ne se marient point. Voilà, autant que je puis le croire, les points principaux sur lesquels l'Eglise grecque diffère de la nôtre.

Quand les missionnaires russes vont propager la foi en Sibérie, comme dans plusieurs de ces contrées sauvages ils ne peuvent se procurer du vin ni en porter avec eux parce qu'il gèlerait, ils donnent la communion sous la seule espèce du pain; l'Eglise a prévu ce cas, qui se représente souvent. Les prêtres portent dans une boîte attachée sur leur poitrine, un pain consacré. Quand les catéchumènes sont jugés dignes d'approcher de la sainte table, on leur confère le sacrement, au moyen d'une fraction de pain trempée dans l'eau bénite : cette tolérance s'étend aux malades de campagne trop éloignés des villes et bourgades.

Le concile qui eut lieu sous le règne du czar Alexis Mikaélowitsch, déclara bon et valable le baptême reçu dans toutes les communions chrétiennes. Ainsi, les princesses d'Allemagne, luthériennes ou calvinistes, qui épousent des grands ducs, sont tenues pour bien baptisées, et ne reçoivent que le sacrement de la confirmation ; cette cérémonie précède celle du mariage, ou se combine avec elle.

Il n'y a dans les églises grecques, ni chaises,
ni bancs, tout le monde reste debout sans distinction de places ; les génuflexions sont rares,
mais les prosternations se multiplient à l'infini,
on les appelle *pokloni*. Toute espèce d'instrumens sont interdits, même l'orgue ; la perfection
des chants ne les fait point regretter, rien n'é-
gale cette pieuse et touchante mélodie. L'autel
est placé derrière ce qu'on appelle la porte
sainte ; cette porte reste fermée pendant une
grande partie de l'office divin, lors de la con-
sécration et de la communion ; elle s'ouvre dès
que le célébrant a communié, alors il bénit
les assistans avec le calice.

Les cérémonies du rit grec se distinguent par
beaucoup de pompe et de majesté. Les habits
sacerdotaux richement brodés, une longue barbe
et des cheveux ondoyans, donnent aux prêtres
un aspect vénérable. Les images décorant la
porte sainte et les murs du sanctuaire étincellent de pierreries, d'or et d'argent, dans les
grandes paroisses ; celle de Kasan est une des
plus riches.

L'Eglise russe prie pour les morts, quoique
ne reconnaissant pas le purgatoire ; elle admet

que les ames, avant d'entrer en paradis, passent par neuf degrés *tarstwa*, à chacun desquels le pécheur rend compte des actions de sa vie.

Cette Eglise prescrit quatre carêmes : celui qui précède le tems pascal commence à minuit, le jour du dimanche gras, et dure sept semaines.

L'abstinence ordonnée par le rit grec est extrêmement sévère; le poisson, le beurre, les œufs et le lait sont prohibés. Beaucoup de gens font faire du lait d'amande pour prendre le thé. Les personnes d'une haute dévotion portent le scrupule jusqu'à s'interdire les alimens chauds. La nourriture habituelle se compose de champignons, betteraves, choux aigres, concombres confits, oignons, carottes, raves, fruits secs, etc. ; toute la cuisine se fait à l'huile. Les dimanches, et le jour de l'Annonciation, l'usage du poisson est permis. Les hautes classes ne s'astreignent point à cette austérité, mais le peuple l'observe rigoureusement, et personne ne s'en exempte durant toute la semaine sainte.

Le second carême s'observe dans le tems qui précède les fêtes de saint Pierre et saint Paul ;

sa durée dépend du retard ou de l'avance de Pâques ; elle est de quinze jours ou trois semaines. Les mêmes privations sont imposées, mais on les observe moins exactement ; le peuple se permet le poisson.

Le troisième carême dure depuis le 1er août jusqu'au 15, jour de l'Assomption.

Le quatrième est celui des *Avents*; il commence le 14 novembre, et dure jusqu'à Noël : ces deux derniers ne varient jamais d'époque ni de durée. Les jours maigres de toute l'année sont les mercredis et vendredis, à l'exception des semaines de Pâque et l'avant-dernière semaine du carnaval ; le jour de l'exaltation de la croix et de la décollation de saint Jean-Baptiste sont voués au maigre, même quand ils se présentent un dimanche.

Lors du grand carême, chaque fidèle fait ses dévotions ; l'Eglise ne rend point ce devoir obligatoire pendant les trois autres. Ainsi, grands et petits, nul ne s'exempte d'approcher de la sainte table au moins une fois l'an ; les exceptions sont infiniment rares *. On pourra juger du prix que

* Il est permis de croire que l'absence des livres im-

les Russes mettent à l'accomplissement de ce devoir, lorsque l'on saura qu'il est d'usage pour les parens et amis intimes de venir féliciter, le jour ou le lendemain, celui qui a fait ses pâques ; on l'aborde en lui disant : « *pozdrawlaiou, waspritshaswchis, swiaticklaïn* (je vous félicite d'a - voir communié).

Pendant toute la semaine sainte, chacun vit retiré dans sa famille ; les relations de société sont rompues. Il y aurait de l'inconvenance à se présenter chez les Russes ; ils consacrent exclusivement ces huit jours aux exercices pieux ; il n'y a pas même de concerts spirituels.

Pendant les quatre carêmes, les spectacles sont fermés ; mais durant celui qui suit le carnaval, il y a des concerts jusqu'à la semaine sainte ; c'est l'époque choisie par les artistes étrangers pour se faire entendre.

Une cérémonie imposante signale le premier dimanche de ce carême. Le métropolitain, accompagné des moines et archimandrites, se transporte à la cathédrale pour y procéder à la cérémonie de l'anathéme (*pravos-lavié ortodoxia*) ;

pies et immoraux favorise cette fidélité du peuple russe aux règles de sa religion.

il est lancé contre les hérétiques, les conspira-
teurs, les traîtres à la patrie, etc., etc. Cette
cérémonie peut offrir une singulière contradiction; par exemple, le célèbre *Mazeppa* fonda
plusieurs églises; si l'anniversaire d'une fondation coïncide avec le premier dimanche du carême, il arrivera que le même jour et dans le
même temple, on prononcera l'anathême contre
ce transfuge de l'armée russe, et on priera pour
le repos de l'ame du fondateur de l'Eglise.

Tous les traîtres et chefs d'hérésie sont nommés à haute voix; pendant l'énoncé de cette
liste, chaque membre du clergé tenant un flambeau le renverse et l'éteint; le chœur répète:
anathema. On chante ensuite un *requiem* général
pour ceux qui servirent glorieusement l'Eglise
et la patrie. Cette solennité est d'autant plus
remarquable, qu'il existe peu de nations aussi
tolérantes que la nation russe, sans exception
des prêtres eux-mêmes que l'on voit quelquefois
exagérer ce sentiment. Dans la Russie méridio-
nale, un voyageur rencontra deux popes, faisant
une quête pour aider de pauvres Tatares à la
construction d'une mosquée. L'immense rue de
la Perspective se nomme aussi rue de la *Tolé-*

rance, et c'est à juste titre; car on y trouve à peu de distance les uns des autres l'église russe, l'église catholique, celle des Arméniens, le temple des calvinistes, celui des luthériens, et je crois même une mosquée.

Il y a des schismes en Russie comme chez les peuples méridionaux. Le concile assemblé par le czar Alexis Mikaélowitsch, père de Pierre Ier, fut l'origine d'une hérésie. Le but de cette assemblée était la révision des livres saints où se trouvaient de grossières erreurs causées par l'ignorance et le trop grand nombre des copistes. Quelques hommes du peuple, fort superstitieux, et égarés par de perfides suggestions, prétendirent que, ces livres venant directement du Saint-Esprit, l'altération du texte était un sacrilége. Bientôt ces clameurs enfantèrent une espèce de secte, qui déclara ne pas reconnaître les livres rectifiés par le concile. On voulut sévir contre ces insensés; et, comme il arrive toujours, les moyens de rigueur augmentèrent leur nombre. Cependant la clémence ne réussit pas mieux; cette rébellion au culte dominant subsiste toujours, et le gouvernement la tolère. Elle se subdivise, car il est dans la destinée de tous les hérésiarques de manquer d'unité. Les uns se rapprochent en quelque sorte de la religion dominante par l'effet de mutuelles concessions. Leurs prêtres se font consacrer par les évêques ; de très-légères nuances dans le rite les séparent de l'Eglise russe ; mais ils ne reconnaissent que les livres anciens, tels qu'ils étaient avant le concile dont je viens de parler.

Les autres ont des prêtres qui ne sont point reconnus par le saint synode. Ces sectaires, appartenant presque tous à une classe obscure et misérable, sont souvent embarrassés pour le choix de leurs popes ; alors ils acceptent les services d'un officier renvoyé, ou d'un soldat déserteur, qui se réfugie dans leurs monastères : ils lui font exercer les fonctions sacerdotales ; la science de lire et d'écrire est la seule qu'on exige de ces popes improvisés.

Cette secte ne peut faire reconnaître ses mariages par le synode ni par les tribunaux. Le gouvernement les frappe d'illégitimité. Aussi se montrent-ils très-soigneux d'éviter les procédures et tout ce qui peut les mettre en contact avec l'action des lois. Ils ont des diaconesses, *diakonotchina*. Toutefois ils se livrent à l'exer-

cice de leur culte sous la protection du gouvernement.

Une classe d'hérétiques s'est totalement séparée du culte chrétien ; elle ne reconnaît que
Dieu pour autorité divine et terrestre ; elle ne
prête point serment au souverain. On lui permet
de se soustraire à la loi du recrutement, au
moyen de sacrifices d'argent. La discipline de
cette secte, appelée *doukho-bortzy*, permet le
mariage entre frères et sœurs. Le gouvernement
n'a point à s'en plaindre depuis qu'il l'a coloni-
sée et isolée de la société. Ses institutions offrent
quelques rapports avec celles des frères Mo-
raves.

L'erreur la plus bizarre et la plus déplorable
d'une de ces sectes, est de se condamner à des
mutilations qui, en les assimilant aux gardiens
d'un sérail, ne les empêche point de se marier.
Leurs femmes, entraînées par le même fanatisme,
emploient aussi des moyens violens pour ne pas
rompre le vœu de chasteté. Ces hommes, également désavoués par la religion et par la nature,
ne se marient que pour vivre en communauté
d'intérêts et de sentimens fraternels. On prétend que ces unions ne sont jamais troublées par

des orages; comme l'amour n'y est pour rien, il n'aveugle point avant le mariage, et ne saurait troubler la paix domestique; c'est ce qui explique l'harmonie de ces étranges ménages. Dans les promenades publiques, on m'a quelquefois désigné de ces couples stériles; sans doute nous les plaignons beaucoup plus qu'ils ne se plaignent eux-mêmes. J'étais confondu de l'air de satisfaction et d'hilarité empreint sur leurs visages.

Sous le règne d'Elisabeth, il se forma une secte de Russes judaïsés, qui n'admettaient le culte que de Dieu seul, et celui de la nature, comme Divinité subalterne. Le gouvernement se montra intolérant contre elle; il employa la violence pour ramener ces hommes dans le sein de la religion chrétienne; mais ils soutinrent la persécution avec une force de caractère et un mépris de la mort qui finit par décourager les poursuites. Les habitans de tout un village se brûlèrent dans des fossés où ils avaient entassé des matières inflammables.

Les persécutions que subirent ces diverses sectes, sous les règnes antérieurs à Catherine II, amenèrent des émigrations; un grand nombre de familles s'établirent dans les contrées polonaises touchant la Gallicie. L'impératrice, affligée de cette dépopulation, publia, en 1763, seconde année de son règne, un manifeste qui garantissait à ces peuplades la liberté de conscience, et tolérance entière dans l'exercice de leur culte. Elle fit plus encore, on leur proposa des concessions de terrain pour y établir leur résidence, principalement dans le gouvernement de *Suratoff*. L'amour du sol natal, et une confiance illimitée dans *la parole* de leur souveraine, les ramenèrent en Russie. Tant que Catherine vécut, leur existence fut douce et tranquille, parce que toutes les dispositions du manifeste étaient strictement observées. Mais l'empereur Paul conçut l'espoir de les ramener au culte grec; on employa la contrainte et les voies de rigueur; mais, ces mesures ne réussissant point, on finit par y renoncer.

Ces essais malheureux ne se sont plus renouvelés. *Alexandre* augmenta même le bien-être de cette petite partie de ses sujets, en leur assignant de nouvelles habitations dans le gouvernement de *Ekatherinoslaw* et de *Kerson*.

Mais s'il faut de l'indulgence pour les hommes

qui se trompent, on ne saurait disconvenir qu'il
entre dans les devoirs d'un gouvernement d'empêcher le plus possible que les sectes se multiplient et se subdivisent à l'infini, puisqu'elles
sont un principe de malheurs et de désordre.
Sous ce rapport, les dépositaires du pouvoir
s'égarèrent encore dans ces derniers tems, et
contribuèrent sans doute involontairement à ré-
chauffer l'esprit de secte, à créer de nouveaux
prosélytes à des croyances nouvelles et absurdes.

Primitivement la Bible était imprimée en langue slavonne, avec toute la majesté, la réserve
et la pudeur de cette langue. On proposa de la
traduire en russe, et en regard du texte slavon.
Ce qui fut exécuté. Quelque tems après, on la
répandit, à tort et à travers, avec une si extra-
vagante profusion, que cela fit dire à un journal anglais : « Le moment approche où la Russie,
s'affranchissant des ténèbres de la superstition,
s'élèvera à la hauteur de la religion réformée. »
Le journaliste de Londres était un vrai sorcier.
Une partie de la prédiction s'accomplit : une
multitude de gens dépassèrent même ses espérances. Les paysans de plusieurs provinces em-
brassèrent la religion judaïque. Cette apostasie

devint à la mode dans les régimens de l'armée,
ce qui avait été prévu par les chefs de corps,
lorsqu'à leurs très-grands regrets, ils virent arriver d'énormes chargemens de traductions de
la Bible, avec ordre de distribuer un exemplaire
à chacun de leurs soldats. L'effet fut électrique ;
on eut toutes les peines du monde à calmer
l'influence de cette lecture, et à modérer l'essor des esprits vers un changement de religion. Honneur au génie du ministre éclairé,
qui conçut le projet de cette sublime munificence. La Russie lui aura l'obligation d'avoir vu
s'élargir le cercle des hérésies, et augmenter
le nombre des mutilations dans les campagnes
et dans les régimens.

LA NOUVELLE ÉGLISE D'ISAAC.

L'univers est un temple où siége l'Eternel.
VOLTAIRE, *Religion naturelle.*

LE voyageur, en parcourant Pétersbourg, cherche l'église métropolitaine de cette grande cité et ne la trouve point. A Rome, il vit Saint-Pierre ; à Paris, Notre-Dame ; à Londres, Saint-Paul. La ville de Pierre-le-Grand offre bien à la curiosité une multitude de riches églises ; mais il lui manque une cathédrale digne de sa grandeur. Jaloux de signaler sa haute piété, l'empereur Alexandre résolut, il y a quelques années, d'en élever une sur l'emplacement occupé par l'église d'Isaac, dont la construction défectueuse attristait l'un des plus beaux quartiers de la ville. M. de Montferrand, Français,

et architecte de sa majesté, reçut l'ordre de lui
soumettre plusieurs plans , entre lesquels l'empereur eut à choisir. De plus, Alexandre voulut
qu'un modèle lui offrît la miniature très-exacte
du monument projeté. L'architecte exécuta cet
ouvrage avec une rare perfection. Ce petit chef-
d'œuvre excite l'admiration de tous les amateurs des beaux-arts. La famille impériale, la
haute société , et les étrangers de toute nation,
rendent hommage à la magnificence , à la beauté
des proportions, à l'élégance des détails , enfin ,
à tout l'ensemble de ce modèle , vrai modèle de
grandeur et de bon goût ; déjà plus de cinq mille
personnes l'ont visité ; il est dans un des salons
de l'architecte. Le plafond de cette pièce est
d'une hauteur ordinaire, et cependant on ne
peut poser la croix sur le dôme principal ; c'est
donner une exacte mesure de sa grandeur.
M. de Montferrand eut l'ingénieuse pensée de
séparer l'ouvrage en deux parties égales : l'é-
glise s'ouvre au moyen d'une manivelle. Ainsi,
on se trouve placé au milieu du temple, et l'on
peut voir jusqu'aux plus petits détails. Statues
en bronze, tableaux, fresques, marbres, lus-
tres, lampes, ornemens divers, tout est mo-

delé en petit, tout offre l'image exacte du saint
lieu, tel qu'il doit être le jour de l'inauguration.
J'ai déjà vu beaucoup de modèles dans ce genre,
mais ma mémoire ne m'en fournit aucun que je
puisse lui comparer. Le plan de cette nouvelle
église, offrant des dimensions beaucoup plus
vastes que celles du bâtiment qu'elle remplace,
l'artiste a pu faire exécuter les fondations avant
même de démolir ; mais il fut obligé de descen-
dre à trente pieds pour trouver un fond solide.
J'ai vu les souterrains de l'ancienne église ; ils
sont remplis d'eau ; on n'avait pas eu la précaution indispensable d'établir les fondemens au
dessous du niveau de la rivière pour les préserver des filtrations. Plus sage et plus habile,
l'artiste français augmenta leur profondeur de
trois pieds, et établit un pilotage sur toute la
surface. Les bois ont sept *verchok* de diamètre et
vingt-huit pieds de hauteur. La disposition est
telle, que le vide est égal au plein. Afin de donner toutes les garanties possibles à la solidité, on
a rempli le radier par deux fortes assises de granit. Tous les points d'appui direct et indirect de
cet édifice sont montés de fond aussi en granit,
et le reste des murs est construit d'une pierre

de roche par assise réglée, dont les morceaux
sont d'une forte dimension.

La couronne fit de grands sacrifices pour l'a-
chat des bâtimens dont la démolition devait
donner l'espace voulu ; ces maisons furent es-
timées par des architectes du gouvernement
contradictoirement avec ceux des propriétaires.
On rencontra quelques taquins, quelques indé-
pendans, qui firent payer chèrement la nécessité de déguerpir. L'empereur, avec toute sa
puissance, dut fléchir devant des prétentions dé-
raisonnables. La maison de l'un des voisins fut
évaluée cent dix mille roubles ; chaque semaine
il demandait cinq mille roubles de plus ; enfin,
il eut la modération de s'arrêter à cent quarante
mille qu'on se dépêcha de lui compter.

Ce fut un beau spectacle pour cette ville que
le débarquement des six premières colonnes formant l'avant-garde des trente-six destinées aux
deux portiques du nouveau temple. Le public
ne concevait point comment on pourrait réaliser ce transport. « Quand même on trouverait
moyen, disait-on, d'arracher à leur sol ces masses énormes, sera-t-il humainement possible de
leur faire franchir une si grande distance ? » Les

envieux de l'architecte s'efforçaient de démontrer l'impossibilité, en s'appuyant pédantesquement des termes de l'art toujours imposans pour la multitude.

L'heureuse arrivée des colonnes interrompit brusquement ce commérage : depuis plusieurs jours l'attente préoccupait les esprits ; une foule immense envahit les quais et la place d'Isaac pour être témoin du prodige. Le comte Golovin, président de la commission, et plusieurs grands personnages, assistaient à ce spectacle, peut-être inconnu chez les peuples modernes. Par une singulière coïncidence, les colonnes furent déposées aux pieds de la statue de Pierre-le-Grand ; c'était comme un hommage rendu, par le fondateur du monument sacré, au célèbre fondateur de cette capitale. Le génie de Pierre, qui ne s'étonnait de rien, aurait pu voir, avec quelque surprise, l'audace courageuse qui réalisa l'exploitation, le chargement et le débarquement de ces blocs énormes. Ce travail est le beau idéal de la patience, de la force et de l'adresse des hommes ; il est hors de comparaison avec les conceptions les plus hardies du moyen âge. Mais si l'on veut absolument comparer, il faut aller fouiller dans les souvenirs de l'ancienne Egypte; il faut remonter à la jeunesse de l'univers. Quant à moi, occupé d'une seule idée, je regardais tour à tour, et la noble figure de Pierre *, et les colonnes gisantes près de lui. Mon amour-propre national jouissait doublement en me disant que ces deux prodiges sont dus au talent de deux artistes français **.

Le débarquement de la première colonne se fit avec un rare bonheur, et aux acclamations de la foule. Les yeux étaient convaincus avant que l'esprit pût concevoir tout ce qu'il y avait de prodigieux dans cet effort des arts. Un homme,

* Nous revenions d'un bal donné par madame Narischkin, femme du grand chambellan. Il était quatre heures du matin : les premiers rayons du soleil éclairaient la noble figure de Pierre-le-Grand. Nous payâmes un tribut d'admiration à ce chef d'œuvre digne de Phidias. Une dame russe qui était avec nous s'écria d'un ton plein de confiance : « C'est pourtant un *mougik, une barbe* qui créa ce prodige. — Non, Madame, répartit une Française, mieux informée ; détrompez-vous ; le créateur du prodige est un Français, qui se rasait très-souvent. »

** Falconet et Montferrand.

d'une très-belle figure, et portant barhe blanche, était placé près de moi ; je jouissais de son étonnement ; il adressa mille questions à un Russe de mes amis ; celui-ci, n'étant point assez ingénieur pour le satisfaire, lui dit : « *Hossoudor pricasal*, l'empereur l'a voulu. — Ah! je ne suis pas étonné, répondit le vieillard, dès qu'il l'a voulu, cela devait être, et il veut toujours de bonnes et de grandes choses! Que Dieu le conserve ce pieux souverain! je suis bien heureux d'être vieux, je n'aurai pas le chagrin de vivre après lui. »

On avait cru jusqu'alors que les colonnes de l'église de Kasan étaient le *nec plus ultrà* de l'industrie humaine ; elles n'ont que trente-cinq pieds de haut sur trois et demi de diamètre ; celles de la nouvelle église ont cinquante-six pieds de hauteur sur sept de diamètre, et formées d'un seul morceau. Le granit des premières est inférieur, celui des secondes est le plus beau connu ; il se compose de *feldspath* rougeâtre, de *quartzbrun* et de *mica* ; les rayons du soleil ont infiniment plus d'action sur cette qualité de marbre. Enfin, dans le monde entier, la seule colonne d'Alexandrie, dite de Pompée,

surpasse celles d'Isaac en grandeur, puisqu'elle
est de soixante-trois pieds un pouce trois lignes
de hauteur : on n'en connaît point de pareille.

Déjà les dômes de l'ancienne église ne frappent plus nos regards ; déjà ses murs gémissent
sous le marteau démolisseur : un sentiment pénible s'attache toujours à la destruction. Les
ruines, ouvrage du tems, inspirent une mélancolie rêveuse ; mais on éprouve une sorte d'effroi à l'espect de ces milliers de bras acharnés
contre un grand monument ; il résiste d'abord,
puis il chancelle, et tombe enfin sous les efforts
de l'homme, toujours victorieux quand il détruit.
Ici, du moins, les regrets font place à l'espoir
d'une construction prochaine ; les fondations s'é-
lèvent déjà à la superficie du terrain, et vingt-
huit colonnes sont déposées sous un vaste han-
gar, où les ouvriers, à l'abri des injures de l'air,
leur donnent le dernier poli.

Assis sur un bloc de granit, je vois le socle
posé à un des angles du péristyle ; il attend la
colonne gigantesque qui envahira les airs. Ma
pensée franchit le tems, elle s'élance vers le
jour où cette majestueuse enceinte recevra les
fidèles et retentira de leurs chants pieux, où des

nuages embeaumés s'élèveront au faîte de la coupole. Je vois ces masses, maintenant gissantes, entourées d'herbes et de fleurs sauvages, comme des ruines, se lever au signal de l'architecte, et se ranger à la porte du temple dans l'ordre du Panthéon romain. Ainsi, quand les rois d'Egypte élevaient avec orgueil de magnifiques monumens, les sauvages septentrionaux, plongés dans la barbarie, avaient à peine le secret d'une chétive construction de cabane. Par un étrange déplacement de l'industrie humaine, la Russie va s'embellir d'un des plus beaux temples de l'univers, lorsque l'Egypte, ennemie des arts, abaisse un regard stupide sur les nobles ruines dont elle est jonchée.

J'aime à parcourir ces immenses catacombes, nouveaux asiles de la mort : grâce à une ingénieuse prévoyance, l'humidité est bannie de ces profondes demeures; l'hiver n'y pénètre point; l'œil observateur n'y découvre pas vestige des outrages de la saison.

En visitant les bases en bronze des colonnes, je rencontrai un musicien très-occupé à les faire résonner pour obtenir une tierce ou une quinte. Toutes donnèrent une parfaite égalité de son : il s'en étonna ; on lui dit que cette égalité était due à la perfection de la fonte. Le mélomane cherchait la musique jusque dans l'architecture. « Monsieur, lui dis-je en désignant la place du portique futur, cela sera d'une grande beauté. Oui, répliqua-t-il, surtout lorsqu'on y entendra les belles compositions de notre célèbre *Bartiansky* *. »

J'ai passé des heures entières sur le terrain de cette magnifique expectative ; j'y puisais de vives émotions, et j'admirais la pieuse munificence du prince qui rendait au maître des peuples et des rois un hommage que les siècles devront respecter. Comme la foule, je m'étais extasié devant le spectacle qu'offrait le débarquement des colonnes. Mais il manquait encore quelque chose à ma curiosité. Par quels procédés ces masses de granit étaient-elles sorties de terre ? Je l'ignorerais encore sans une petite excursion que je fis en Finlande.

Cette contrée est l'un des plus intéressans théâtres des bouleversemens diluviens. A la vue de cette nature en désordre, de ces rocs bri-

* Directeur général des chanteurs de la cour.

sés, de ces masses énormes de pierre, toutes inclinées vers le pôle, on croirait que ce terrible mélodrame a été exécuté le mois dernier. Tout est resté en place, tout porte l'effrayante image d'une catastrophe récente; en regardant autour de soi on peut se créer une idée parfaite du grand remue-ménage qui vint interrompre la corruption de nos devanciers.

J'étais revenu à Pétersbourg avec une ample moisson de renseignemens sur l'extraction des colonnes d'Isaac; j'avais sué sang et eau pour retenir de mon mieux une foule de termes techniques. La publication d'une savante notice de M. de Montferrand fulmina ce travail imparfait. Je ne m'aviserai donc point de lutter avec cet habile architecte, ni de répondre avec présomption *que mon siège est fait*. Loin de là, jetant au feu des notes si péniblement ramassées, je rends grâce à l'artiste qui veut bien se charger de donner lui-même tous les documens désirables. Ecoutons-le :

« La carrière de l'entrepreneur Soukanoff est placée à vingt-cinq toises de la mer, sur le penchant d'une colline. Sa dimension à sa base est de douze toises et demie, sur huit; sa hauteur, depuis le sol, est de neuf pieds. On commença par en découvrir toute la partie supérieure pour s'assurer de son étendue et de sa puissance, et pour reconnaître si aucune fissure ne pouvait nuire à la perfection des masses que l'on voulait en extraire ; elle fut ensuite dégrossie sur ses quatre côtés et divisée sur sa surface en onze parties égales, nombre des colonnes qu'elle pouvait fournir (trois colonnes avaient déjà été exploitées sur le devant du rocher, avant cette opération). A chacune des divisions mentionnées sur toute la largeur de la masse, l'on pratique une rigole de quatre pouces d'ouverture sur dix de profondeur. Cette rigole se fait par le moyen de marteaux à piquer. Les ouvriers la commencent, placés à trois pieds l'un de l'autre, sur toute son étendue ; lorsqu'elle est achevée, on la divise par des trous à six pouces de distance l'un de l'autre, qui, à partir du fond de la rigole, traversent la masse d'outre en outre. Ces trous ont deux pouces de diamètre à leur ouverture, et un pouce et demi à leurs extrémités. On les perce au moyen de pics en fer trempé, de diverses longueurs, dont les ouvriers se servent, en raison de la profondeur. A cet effet, deux hommes frappent avec des marteaux sur l'extrémité du pic, tandis qu'un troisième le guide, en lui faisant faire à chaque coup un mouvement de rotation. Pour faciliter ce travail et donner plus de mordant à l'instrument, on jette de tems en tems de l'eau dans les trous, qui sert aussi à mouiller la poussière qui résulte du travail, et on l'enlève avec un bâton émoussé à l'une des extrémités.

» Afin d'éviter qu'il s'introduise des corps étrangers dans ces trous, lorsqu'ils sont en œuvre ou achevés, l'ouvrier a soin de les tenir exactement bouchés avec des chevilles de bois.

» Lorsque tous les trous sont percés jusqu'au bas de la masse, c'est alors qu'on procède pour détacher complètement la colonne. De forts coins en fer de quinze à dix-huit pouces de longueur, sont alors placés sur toute l'étendue de la rigole, à un pouce de distance l'un de l'autre; ils sont assujettis entre des cales en fer, afin de ménager les paremens de la pierre, et de faciliter leur introduction. Les ouvriers se placent sur toute la ligne, en sorte que chacun puisse avoir en face trois de ces coins. A un signal convenu tous les bras, frappant à la fois, étonnent la pierre, qui résonne. C'est alors qu'il faut se placer sur l'un de ses côtés latéraux pour la voir, peu d'instans après, se fendre lentement jusqu'au moment où, arrivée au tiers de son épaisseur, la fente parcourt, avec la rapidité du trait, le reste de la masse jusqu'au bas. Cette fente ne s'écarte jamais de la direction qui lui est donnée par les trous nombreux qui déterminent le plan de séparation.

» La masse, ainsi fendue, les coins sont remplacés par huit énormes leviers en fer, de quinze pieds de hauteur. Leurs extrémités sont placées dans la rigole, à égale distance l'un de l'autre : la partie supérieure de ces leviers est surmontée d'un large anneau, qui reçoit un cable dont les bouts pendent également. Pour aider à sa manœuvre, quarante hommes sont employés à chacun des bouts de ce cable, et ils commencent d'abord par faire agir ces leviers, dont l'effet simultané est d'écarter la masse d'environ un pied et demi, pour permettre de placer dans l'écartement des madriers en bois de bouleau de vingt-cinq pieds de hauteur sur sept pouces de diamètre. Ces leviers, au nombre de huit, sont manœuvrés de la même manière que les leviers de fer par le même nombre d'hommes.

» Ces pièces étant placées maintiennent la colonne dans la position que lui ont fait prendre les leviers, jusqu'à ce que des ouvriers, en se glissant dans cette ouverture de dix-huit pouces de large, aient eu le tems de percer des trous, d'environ six pouces de profondeur, sur la face de la partie détachée qui adhérait à la masse principale ; ces trous terminés, l'on fixe des crampons de fer d'environ trois pouces de diamètre sur un pied de longueur, auquel sont attachés les cables : il y a ordinairement quatre crampons qui correspondent à autant de cabestans avec mouffles, placés en avant de la carrière, lesquels manœuvrent en même tems. La colonne alors se détache entièrement de la masse, et va s'asseoir sur la face déjà dégrossie, qui est reçue par une forte charpente servant de cale et chantier, sur laquelle elle est achevée *. La colonne étant bien fixée sur les cales, un grand nombre d'ouvriers s'en emparent pour la dégrossir entièrement ; après l'avoir ébauchée, le

---

* C'est-à-dire achevée jusqu'au point nécessaire pour être transportée à la place d'Isaac, où elles doivent être terminées et polies.

travail est réglé sur la longueur de la colonne par des lignes parallèles qui forment autant de cannelures, qu'un dernier travail égalise avec des instrumens plus petits. La colonne ainsi avancée, on la dirige sur le bord de la mer, etc., etc., etc. »

Maintenant je reprends ma tâche pour décrire l'embarquement des colonnes.

Comme la mer n'est point assez profonde près du rivage pour soutenir le poids de deux colonnes, on a construit une jetée en bois, ayant trois cents pieds de long sur quatre-vingts de large, séparée en deux parties. Le but de cette séparation est de laisser sur les eaux un intervalle où le navire puisse se placer. Quand on charge la première colonne, le bâtiment tend à chavirer du côté du poids; pour prévenir cet accident, on le maintient par d'énormes poutres placées à trois pieds l'une de l'autre, et fixées sur la seconde jetée, en sorte que le bâtiment reste immobile sous le fardeau dont on le charge. On devine bien que le pont du navire s'appuie sur une forte charpente intérieure capable de soutenir un aussi grand poids.

Avant d'amener la seconde colonne, on descend à fond de cale, sous la charpente, une quantité de pierres de granit à peu près égales en poids à celui de la colonne; ces pierres se placent du côté opposé, tout le long du navire, pour qu'il conserve un parfait équilibre.

Après cette opération, le bâtiment sort de l'étroit espace des deux jetées, et manœuvrant en pleine eau, il vient présenter le côté libre pour recevoir la seconde charge; il est de nouveau maintenu par les poutres, et dès qu'on a exécuté l'enlèvement des pierres formant le leste, la seconde colonne se place sans obstacle. Deux cent cinquante hommes sont employés à ce travail.

Le trajet est de cent cinquante werstes en droite ligne; mais les circuits l'augmentent au moins de cinquante. Le golfe étant semé d'écueils, la dernière expédition courut de grands dangers, les deux navires faillirent se briser contre des roches. La longueur de ces bâtimens est de cent cinq pieds sur trente de large; ils sont en bois de pin, à deux mâts, et coûtent soixante-dix mille roubles chaque. Le poids du chargement est de trente-huit mille pouds : le poud représente quarante livres russes, livre de quatorze onces. Le navire prend alors sept et demie à huit pieds d'eau. Le voyage dure huit ou dix jours, ou plusieurs semaines, suivant le caprice des airs.

Je me demande comment ces moyens d'exploitation, qui sont absolument les mêmes que ceux des Egyptiens, purent être aussi servilement imités en Russie. On voit encore, dans les carrières d'*Assuan*, des blocs abandonnés qui offrent la trace des mêmes instrumens que ceux employés pour les colonnes russes. L'architecte auquel je témoignai ma surprise de ces rapports industriels, me dit : « Les moyens primitifs d'exécution indiquent, par leur extrême simplicité, qu'ils doivent être les mêmes partout. Ici, comme chez les anciens, la seule force des bras est le mobile de toutes les opérations dans les carrières. »

On s'étonnerait que les passions les plus basses ne s'acharnassent point contre le nouveau monument et contre l'architecte honoré de la confiance du souverain. Eh bien! qu'on ne s'étonne pas ; la haine, l'envie et la calomnie se démènent autour du temple naissant ; à toutes les époques, le génie fut persécuté, les tradi-

tions sont là, et on s'y montre fidèle. Les architectes surtout font un beau train; quelques-uns
essaient de prouver que les colonnes sont des
bornes de grands chemins, et que la coupole
écrasera tous les fidèles. Il n'y a sorte de ma-
néges dont on ne se soit avisé pour effrayer la
conscience de l'empereur. Un jour je rencontrai un des envieux; il avait un teint livide :
c'est la livrée de l'envie. Deux heures après, je
me trouvai en face de M. de Montferrand; il
avait une figure calme et le teint frais. Dès ce
moment, je me dis qu'il sortirait vainqueur de
la lutte. Je n'ai point été trompé dans ma présomption, la justice et la clairvoyance du souverain justifient mes présages : l'église se continue et s'achèvera.

> Que peut contre le roc une vague animée?
> . , ...
> . . . . , ...
> C'est ainsi qu'Isaac, grand et sublime ouvrage,
> S'élève, et des jaloux déconcerte la rage.

Il est probable que, dans dix ou douze ans, ce
monument sera terminé.

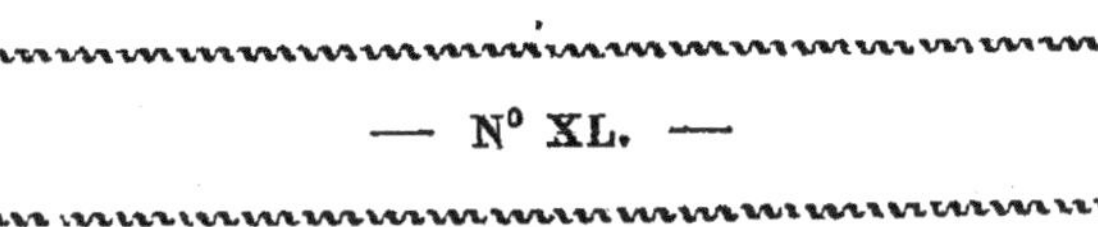

— N° XL. —

LES PAYSANS.

—

Ils sont chrétiens et esclaves! quelle déplorable alliance de mots!

CLARCK, *Voyage en Russie.*

J'ai passé quelques jours dans la terre d'un seigneur russe, à cent werstes de Pétersbourg. Le lendemain de mon arrivée était un dimanche. Après la messe, que nous entendîmes dans une chapelle du propriétaire, ce dernier me proposa une promenade au village situé tout près de la maison. Nous fîmes le trajet en côtoyant la rivière, bordée d'une allée de tilleuls. A notre entrée dans le village, nous visitâmes plusieurs habitations où régnait un air d'aisance et de propreté ; les paysans recevaient leur seigneur avec un respect mêlé d'affection. Leur physio-

nomie ouverte et franche n'exprimait aucune crainte ; ils semblaient heureux et calmes.

Les femmes étaient endimanchées ; plusieurs me parurent richement costumées. « Vous voyez, me dit M. S....., que mes paysans ne portent point la livrée de la misère. Beaucoup d'écrivains moroses ou de mauvaise foi nous représentent comme des tyrans qui abusent de leur pouvoir et du droit de propriété pour désoler et appauvrir leurs vassaux ; la plupart de ces accusateurs n'ont rien vu ni rien observé. Ce n'est point sur les grandes routes, ni seulement dans les grandes villes, qu'on peut approfondir nos mœurs ; mais les mensonges imprimés exerceront toujours une grande influence sur la crédulité des hommes. »

Ces observations furent interrompues par la rencontre de trois vieillards à barbe blanche. Ils saluèrent respectueusement, et continuèrent leur entretien. Je fus frappé de leur bonne mine. Le maître me dit : « Ces hommes sont membres du conseil de village ; en se rendant à la séance, ils discutent les objets qu'on doit y traiter. Ce conseil est présidé par un *starots* (*ancien*) ; il est chef du village. Sa probité et son intelligence

lui valurent les suffrages unanimes de mes paysans. Nous avons le droit de rejeter ces nomi-
nations ; mais il est rare que nous en usions,
car, généralement, le choix tombe sur les meilleurs sujets. Quoique je sois propriétaire du
village, en réalité, le starots y est plus chef
que moi. Presque toujours absent, je le rends
dépositaire de mes droits, et il n'en abuse jamais. Assisté de quelques anciens, chaque dimanche il préside le conseil. Le but de ces
assemblées, dans la maison communale, est
d'arranger les différends à l'amiable, pour prévenir les procès ; de désigner à chaque famille
le lieu et la nature des travaux de la semaine ;
d'arrêter, d'après la mercuriale, le prix de vente
des denrées et leur transport dans les marchés.
On y fait aussi la désignation des recrues dé-
mandés par le gouvernement. Dans les cas im-
portans, le pope est appelé à ce conseil. Un
secrétaire inscrit sur un registre toutes les dé-
cisions; ce registre est parafé par mon intendant.

» L'autorité du starots se subdivise dans les
villages populeux, comme celui-ci. Cent maisons
ont un *sotsky*, ou *centenier*; dix maisons, un

déciatsky, ou *dixaire*. Ce dernier rapporte les affaires au sotsky, qui, lui-même, les soumet au starots. Ce maire, ou chef de village, juge les causes avec ses assesseurs, qui sont aussi élus par les paysans, et s'appellent *viborni, choisis*. Il est presque inoui que, dans ces assises champêtres, on commette une injustice, tant ces hommes simples sont guidés par un bon sens naturel et des intentions pures. C'est une sorte de gouvernement patriarcal rappelant les premiers âges du monde.

» Le capitaine du district, ou ispravnik, n'a point le droit de s'immiscer dans les opérations du conseil, toutes dirigées vers la prospérité du village et les avantages du maître. Le pouvoir de cet officier public ne s'adresse qu'aux délits qui provoquent la répression des lois générales de l'empire; hors ce cas, l'autorité du starots suffit à la bonne police du lieu, dont il est autant le juge de paix que le maire.

» Si l'un de nos paysans tombe malade, il est soigné à nos frais, et sa femme et ses enfans n'ont jamais à redouter la misère. Le conseil diminue la portion des travaux de la famille, et assure sa subsistance. Lorsqu'il faut des soldats, il désigne les jeunes gens, et choisit les plus turbulens, ceux dont le caractère inquiet est plus propre à la vie des camps et des garnisons qu'aux travaux champêtres. Souvent cette réquisition d'hommes, si redoutée, est un bonheur pour le village qu'elle purge des mauvais sujets.

» Malgré le sentiment de paternité qui règne généralement dans nos institutions villageoises, il s'élève quelquefois des orages; quelle société humaine en est exempte? Alors, nous voyons arriver dans la capitale, et souvent de fort loin, une députation *des anciens;* ils viennent pour obtenir le redressement d'un tort, la suppression d'un ordre injuste donné par nos intendans, qui abusent quelquefois de leur pouvoir. Je voudrais que vous fussiez témoin d'une de ces scènes, que vous entendissiez le langage de ces hommes, rien ne peut vous rendre l'énergie de leurs discours; il est presque impossible de repousser leurs réclamations, tant elles émanent du sentiment intime de la justice, tant leur éloquence part de l'ame.

» Il existe plusieurs manières d'administrer ses biens. Charmé de m'affranchir de la vente de mes denrées et de la chance des marchés, j'ai proposé à mes paysans de prendre l'exploitation générale, moyennant une somme payée après la vente des récoltes; le contrat leur sembla avantageux, je ne les ai point forcés; ils acceptèrent librement. Par les stipulations, ils sont chargés des semences, récoltes, ventes, entretien de bestiaux, coupe de bois, réparations de leurs bâtimens, subsistances des familles, etc. On peut en quelque sorte assimiler ce mode aux fermages de France, avec la différence que tout le village est fermier du seigneur. Les fonds sont versés dans une caisse à trois clefs; l'une est entre les mains du starots, et les autres dans celles de deux assesseurs. »

Nous allions rejoindre la maison, lorsqu'un des anciens s'approcha du maître, et le pria de vouloir bien assister à la séance du conseil : « Non, mon ami, répondit M. S****, vous faites de la très-bonne besogne sans moi; je vous laisse parfaitement libre, décidez tout, selon le bon droit. »

Sur notre chemin, nous trouvâmes une balançoire en exercice, et une danse de jeunes filles; ainsi, pendant que les *Nestors* réglaient la partie sérieuse de la vie, leurs enfans oubliaient dans les jeux folâtres le travail de la semaine *.

On voudrait en vain se le dissimuler, la pensée qu'il existe encore en Europe des chrétiens attachés à la glèbe, est aussi fatigante pour l'imagination que pour le cœur, et la triste conviction de tous les bons esprits, que cet état de choses peut durer long-tems faute de moyens pour en abréger le terme, est encore plus pénible. Sous aucun rapport ce pays n'est assez mûr pour soutenir de grands changemens dans son organisation sociale. On ne doit marcher que pas à pas, et avec une excessive prudence, dans le champ épineux des réformes et des modifications.

---

* J'ai remarqué que, sauf quelques rares exceptions, les femmes du peuple ne vendent point dans les rues; elles ne s'égosillent point comme les nôtres pour avertir la pratique sur le chemin et dans les marchés. Les femmes de marchands ne paraissent jamais à la boutique ni au comptoir. Pendant que le mari tient péniblement l'aune ou la balance, tandis qu'il sue ou qu'il grelotte, suivant la saison, sa compagne s'occupe tranquillement des soins de l'intérieur; presque toujours elle a une, deux et même trois servantes. C'est le régime oriental, avec cette différence que les femmes ne sont point séquestrées, et que le mari n'en a qu'une.

Chose singulière ! la liberté, octroyée brusquement, rencontrerait peut-être plus d'opposition dans les paysans que dans la noblesse. Au premier abord, cette assertion semble fausse, ou du moins très-exagérée, mais elle s'appuie sur l'expérience et sur de nombreux refus très-nettement exprimés par des paysans à leurs seigneurs. On a vu des villages entiers se prononcer d'une voix unanime contre le bienfait de l'affranchissement ; ils n'envisageaient qu'avec effroi une existence sans patronage et sans appui ; tous disaient : « Que deviendrons-nous dans les *années noires*, lorsque la disette nous surprendra ? qui assurera notre nourriture, celle de nos enfans ? où irons-nous couper du bois pour nous chauffer et pour bâtir nos demeures ? enfin, à quoi nous servira cette liberté, si ce n'est à manquer de tout ? Un étranger, à l'aspect d'une multitude de villageois implorant une grâce, eût été bien surpris d'apprendre que cette grâce consistait à rester dépendans.

Je puis citer un éclatant exemple de cette répugnance pour l'émancipation. Ouvrez les fastes de 1812 : Bonaparte fit un appel aux paysans ; il offrait de les rendre libres, propriétaires, et maîtres chez eux ; il employa tout l'étalage de promesses que commandait une position critique en face d'un peuple dont il avait besoin, et qu'il fallait se concilier à tout prix. Les Russes restèrent sourds à cet appel ; l'amour de la patrie domina ces ames simples ; ce sentiment exclut tous les autres ; ils méprisèrent les dons de l'étranger, et la cause du pays, celle d'un souverain adoré, ne compta point, comme il arrive trop souvent, ses traîtres et ses transfuges. Un villageois, arrêté dans sa fuite, était-il forcé, la baïonnette sur le cœur, à servir de guide, il conduisait les soldats vers le côté où n'étaient point les siens, il les égarait, préférant la mort à l'ignominie ; il n'y a pas d'exemple contraire à ce noble dévouement.

Lorsque le territoire russe devint libre, et qu'il fut permis à chacun de retourner chez soi (si l'on peut employer cette expression pour de pauvres gens qui devinaient à peine la place qu'avaient occupée leurs chaumières brûlées), il était permis de craindre que les idées de liberté, dont le nom sonore avait retenti sur une ligne immense, eussent germé dans les esprits et amenassent des troubles ; il n'y eut pas même

une étincelle d'insurrection, ni la moindre tentative contre l'autorité des maîtres. Certes, l'occasion était belle, tous les soldats avaient quitté
la Russie, et cependant les paysans reprirent leurs
chères habitudes, et le premier jour où ils pro-
menèrent la charrue sur un champ de bataille,
fut pour eux un triomphe ; car le laboureur a
aussi ses victoires.

Enfin, j'achèverai de motiver l'éloignement
du plus grand nombre pour un changement de
position, en ajoutant que la couronne, dans les
dispositions réglementaires qu'elle publia sur les
émancipations partielles, a été forcée d'exiger
comme condition *sine quâ non*, le consentement
des paysans.

Maintenant, si on me demande les motifs de
cette répugnance, il ne me sera pas difficile de
répondre. J'ai déjà eu occasion de dire que le
peuple russe est bon et humain ; ces qualités générales établissent de l'harmonie entre la classe
qui commande et la classe qui obéit : bons traitemens, générosité, sentimens paternels, d'une
part, et de l'autre, soumission, obéissance et
amour de son état, cela suffirait pour expliquer
l'immobilité des institutions, et la paix dont jouit

cet empire sous un régime en. opposition avec toutes les idées dominantes. Mais pour ne laisser aucun doute, faut-il bien, en affirmant que l'immense majorité est satisfaite de son sort, exposer les causes de ce bien-être. Le cultivateur russe est moins sujet aux anxiétés et aux craintes de la misère que ceux des autres pays, il ne les connaît même point. Le propriétaire a toute la responsabilité de l'existence de celui qui cultive ses champs. Lors même qu'un sentiment d'humanité ne serait point le mobile de ce patronage, l'intérêt est là, veillant à la conservation du paysan, et certes on peut s'en rapporter à lui.

Quelque accident, la sécheresse par exemple, ou la surabondance des pluies, vient-il tromper les espérances du laboureur, celui-ci n'a point à s'inquiéter de son hiver, le maître pourvoit à tous ses besoins. Quand les récoltes manquent, non-seulement le seigneur renonce à ses revenus, mais il envoie aux intendans de ses domaines vingt-cinq, trente, quarante et cinquante mille roubles, suivant la population, pour assurer la subsistance des villages. Ce cas s'est présenté durant mon séjour ici; tous les propriétaires de plusieurs provinces firent plus ou moins de sacrifices ; j'en connais qui empruntèrent à chers deniers pour remplir ce devoir impérieux.

Une maladie frappe-t-elle le paysan, il ne s'effraie pas davantage de la cherté des remèdes ni du médecin. Tous les secours lui sont prodigués gratuitement ; mais le bain de vapeur, plus habile que la faculté, est le guérisseur banal de presque tous les maux ; une cure s'opère souvent du soir au lendemain, et chaque village possède au moins un établissement de ce genre.

Les travaux sont généralement moins pénibles que les nôtres. Rien de si léger que la terre de ces contrées ; le sillon s'obtient sans efforts. Dans la plupart des gouvernemens, on peut se passer de fumier, le sol étant couvert pendant six mois d'une neige qui le féconde.

Le nombre des bras excède souvent les besoins. L'ouvrier n'est jamais accablé de fatigue ; il remplit doucement sa tâche, tel qu'en France nos ouvriers à la journée qui en prennent à leur aise. On ne voit point comme chez nous les femmes travailler péniblement aux vignes, ou manier la bêche, ni les enfans user leurs forces naissantes dans des travaux prématurés.

Les Russes qui n'ont pas voyagé ne sau-
raient comprendre comment nos fermiers peuvent exploiter un grand domaine avec une douzaine de valets de ferme, et trouver leur avantage après avoir payé le maître. « La chose est
toute simple, leur disais-je, le fermier est présent aux travaux, et tandis qu'on lève les bras
pour vous, vous mangez tranquillement vos revenus dans l'une des deux capitales : seriez-
vous donc les seuls absens qui n'eussent pas tort?
— Mais nos intendans? — Belle garantie! dans
quel pays de la terre leurs yeux peuvent-ils remplacer l'œil du maître? Le fermier, qui, avant
de faire des bénéfices, doit payer au propriétaire
quinze à vingt mille francs, est toujours le
dernier couché et le premier levé de la maison. »

Ici, le paysan n'est pas dominé par l'avarice
ni l'ambition d'acquérir ; aussi est-il gai et peu
soucieux ; s'il thésaurise quelquefois, c'est moins
par ambition que par prévoyance. On m'en a fait
voir dans les marchés qui, après la vente de leurs
légumes ou de leurs fourrages, mettaient dans
un pli de mouchoir quelques monnaies blanches ;
c'est, disent-ils, la part *des jours noirs.* Cet ar-

gent est presque toujours enterré et souvent
perdu.

On voit, en France, nos ouvriers de terre,
à l'heure où les femmes portent les repas, se
grouper près d'une fontaine, l'eau étant leur
unique boisson dans la plupart de nos provinces.
On dirait qu'ils n'ont pas assez d'industrie
pour se créer un breuvage moins coûteux que
le vin, et plus fortifiant que l'eau, qui est toujours nuisible après d'abondantes transpirations.
C'est bien le cas de le dire, plus la nature fait
pour nous, et moins nous faisons pour elle. Les
Russes, auxquels elle refuse beaucoup, sont
mille fois plus ingénieux que nos paysans ; pas
un ne se résignerait à cette sobriété ; ils composent à très peu de frais des boissons fermen-
tées, telles que le kwas, l'hydromel et autres.
Ils tirent partie de toutes les baies de buissons
et de forêts, et donnent à ces breuvages un goût
et une couleur agréables. La santé, la force et
la gaîté s'en trouvent bien.

Nos villageois conduisent péniblement une
voiture attelée de trois ou quatre chevaux dans
des routes de traverse, souvent montueuses, et
dont le mauvais état est la honte de notre civi-

lisation, tandis que le Russe mène avec facilité son petit char à quatre roues, traîné par un seul cheval, dont la charge n'est jamais en dispro-portion avec ce simple attelage. Si l'on jugeait ce pays et la France, sur les chemins vicinaux, on croirait très-certainement que le premier nous devança de plusieurs siècles dans l'art des com-munications, quoique nous ayons maintenant sur lui l'avantage d'une chambre élective, qui daigna nous donner une loi sur ces mêmes che-mins.

Dans la campagne, on rencontre fort rare-ment des gens à pied ; chaque mougik a son cheval, sa voiture d'hiver et d'été. Le cheval lui coûte cinquante à soixante roubles ; sa nour-riture, celle des vaches et autres bestiaux, n'en-traîne pour lui aucune dépense, tant les pâtu-rages sont abondans ; tout cela mange sur les terres du maître. Si la voiture est chargée, le conducteur monte sur sa bête ; si elle est vide, il se grise, part, s'étend sur le char, et s'en-dort jusqu'au logis. Le cheval, qui connaît tou-tes ses habitudes, se charge de la responsabilité du retour et s'en acquitte fort bien.

L'eau-de-vie de grain est très-favorable à

l'ivresse, cette suprême consolation du pauvre dans tous les pays. Avec quinze kopeks, qui font trois de nos sous, un Russe peut voir tout en beau, tout couleur de rose : on ne saurait perdre la raison à meilleur marché. Ainsi, l'on voit combien le mécanisme de la vie rustique est peu compliqué. Personne ne s'exténue de travail et ne se nourrit de privations, pas plus à la ville qu'à la campagne. Jamais il n'arrivera de rencontrer, dans les rues des deux capitales, un pauvre diable accablé sous le poids d'un piano huché sur des crochets ; quatre hommes aiment beaucoup mieux se partager le salaire de la course que de se tuer de fatigue. Le piano ne se démonte point ; chacun s'empare d'un pied, et l'instrument arrive à sa destination sans perdre son accord.

Les attelages d'hommes à une petite voiture, les énormes charges des forts de la halle et du port au charbon, tout cela est inconnu ici. Le pouvoir des seigneurs sur leurs gens est fort étendu sans doute dans le droit ; mais, dans le fait, ce pouvoir est limité par les usages. Par une certaine facilité de mœurs d'un côté et de l'autre, par une sorte de roideur nationale qui ne s'efface point dans les liens d'une étroite dépendance, un maître n'obtiendrait pas de son esclave une chose contraire à la routine des usages du service, et même aux attributions qui lui sont assignées dans les soins domestiques. A Moscou et à Pétersbourg, on a dix ou douze fois plus de serviteurs qu'il n'en faut; c'est une affaire d'habitude et de bon air; on y gagne d'être moins bien servi que partout ailleurs. Cependant, comme l'oisiveté d'un tas de valets présente toujours de grands inconvéniens, on tâche de diviser le travail, afin qu'il y en ait pour tout le monde: l'argentier fera nettoyer à Iwan les fourchettes, et Daniel aura les cuillers. Eh bien! si l'un des deux est malade, on aura grand peine à forcer le camarade de se charger du nettoyage double. Le *prince Jean* arriva un jour avec une botte luisante et l'autre presque sale; on le lui fit apercevoir *comme le bas retourné de La Fontaine.* « Je le savais, dit-il en riant, le décrotteur de la botte gauche étant sorti, celui de la botte droite a négligé la besogne; mais il aura affaire à moi. »

On me pardonnera cette digression; je m'empresse de revenir aux champs, ce qui est tou-

jours un bonheur pour moi. On sait combien le
sol russe est rapide dans ses développemens;
une fois qu'il est échauffé par les rayons du soleil, ce qui n'arrive guère qu'à la fin d'avril,
c'est un vrai phénomène que la végétation.
Cultiver, ensemencer et emmagasiner, sont l'affaire de quatre mois, sauf quelques variations,
suivant le climat de chaque province. Le paysan
n'a point à s'occuper des travaux de vendange,
puisque les raisius sont absens. Au mois d'octobre, quelquefois même dans la dernière quin-
zaine de septembre, l'horizon se rembrunit, et
la température devient menaçante.

La terre se fermant, durant un long hiver,
à l'industrie du cultivateur, les premières neiges
sont pour lui le signal des vacances; alors, il
s'occupe de la réparation des harnais, des voitures, des outils, de la cabane, tous ouvrages
intérieurs et peu pénibles; puis il s'endort,
étendu sur son poêle (rien de plus dormeur que
le peuple russe). Pour peu qu'il soit aisé,
le paysan a chez lui provision de thé, de
sucre et de café; car on consomme plus de
ces trois excellentes choses dans un gros village russe que dans beaucoup de nos petites

villes de province. La ménagère, en cuisant son pain, fait de la pâtisserie. On mange le jambon, la choucroute, le lard, le bœuf salé, la volaille, qui est abondante et presque pour rien pendant l'hiver; on en a six bien grasses et excellentes, quoique gelées, pour sept roubles et demi. A Pétersbourg, on assaisonne tout cela de concombres confits dans le sel; on les appelle *agoutsi*. On a force provisions de légumes, qu'on s'entend parfaitement à conserver*. Enfin, chez le plus grand nombre des paysans, il y a une rare aisance gastronomique. Le proverbe : *Tout ce qui est au four mettez-le sur la table*, peint à merveille leur généreuse hospitalité.

On me demandera peut-être comment il existe des nuances de fortune chez ceux dont la position est semblable ; mais ces inégalités sont de l'essence de l'humaine nature ; elles ont droit de bourgeoisie dans toutes les sociétés. Supposons qu'une colonie nouvelle établisse la loi d'une égalité parfaite à six heures du matin ; il est infaillible que cette égalité sera rompue à six heures du soir.

---

* Chacun a sa glacière, dans laquelle il conserve, l'été, les viandes et légumes.

Cependant, on peut assigner plusieurs causes moins générales à ces disproportions de fortune. La manière d'administrer les terres est très-variée. Tous les propriétaires ne sont point assez riches pour renoncer aux chances de vente des denrées et des bestiaux. Voici donc un autre régime très-usité. Le maître accorde trois jours de la semaine à ses paysans pour leurs travaux personnels, et prend pour lui les trois autres jours. La vente des produits se fait par le propriétaire ou ses intendans; de son côté, le cultivateur vend le superflu des récoltes qu'il fait dans les terres qui lui sont assignées pour sa subsistance. Chaque famille jouit d'une maison, d'un jardin, de terres labourables, de pâturages et de coupes de bois dans la proportion des membres qui la composent. Cette habitation, ces champs, ces prés et ces bois, passent ordinairement d'une génération à l'autre, et cette jouissance, indéfiniment prolongée, donne, en quelque sorte, le charme de la propriété, et devient souvent l'origine d'une fortune considérable. Un laboureur intelligent, aidé de plusieurs fils, et obtenant beaucoup d'une terre facile et généreuse, a plus de chances pour s'enrichir que son voisin qui n'a que des filles. Le commerce des bestiaux prospère entre les mains d'un homme actif, particulièrement dans les domaines où se trouvent beaucoup de prairies. Il existe un grand nombre de paysans millionnaires dans le gouvernement de la grande Russie : c'est là que s'opèrent les remontes pour les régimens de la garde. Les beaux chevaux sont fort chers ; leur vente, ainsi que celle des bêtes à cornes, donnent d'immenses bénéfices.

Le succès prodigieux qu'ils obtiennent dans l'art de faire des élèves tient-il à l'intelligence extraordinaire des Russes et à la douceur de leurs traitemens pour tous les animaux, ou aux ressources très-étendues qu'offrent leurs immenses pâturages, leurs forêts, et l'abondance extrême des légumes de toute espèce ? Il est de fait qu'ils font infiniment plus d'élèves que nous dans tous les genres ; par exemple, la volaille est innombrable, malgré la rigueur des hivers. Ils ont une manière de faire éclore les œufs dans les fours, et leur secret pour élever les poussins semble surpasser la nature. Ici on mange des poulets nouveaux à une époque où nos poules ne songent pas seulement à couver.

Le commerce des grains est aussi très-lucra-
tif dans certaines provinces; mais comment se
livrer, dira-t-on , à des opérations commerciales, lorsqu'on est forcé de donner trois jours au
maître, et les trois autres à ses propres travaux?
Le dimanche , et pendant les trois jours qui lui
sont alloués , le paysan peut aller librement dans
les lieux circonvoisins ; sa terre ne reste point
en souffrance ; ses enfans, son frère, et même
ses voisins , font la besogne de l'absent dans les
cas d'urgence.

Une autre ressource est ouverte au génie in-
dustriel. Moyennant une redevance annuelle,
un paysan obtient un obrok de son seigneur.
Placé sous cette égide, il peut aller d'une extrémité de l'empire à l'autre , exercer tel état
qui lui convient. Cette distribution d'obroks,
dans les terres où la population dépasse les besoins de la culture , est une branche très-im-
portante de revenus pour celui qui les accorde.
Ainsi, les gens de métier, les hommes de peine,
une quantité innombrable d'ouvriers travaillant
aux édifices publics , enfin, tous les marchands,
tous les *isvotchik* , sont dans les villes en vertu
d'un obrok émané de leurs maîtres

La situation des propriétaires se représente sous une multitude de formes diverses ; il en est qui, loin de pouvoir donner des *obroks*, manquent de bras pour l'exploitation ; alors ils sont forcés d'en emprunter aux voisins au tems des récoltes, sous peine de ne pas recueillir. D'autres, pour enfler leurs rentes, abusent des obroks, et la culture reste en souffrance ; mais l'avenir se venge des trompeuses douceurs du présent par une diminution progressive dans les revenus de la terre.

J'ai dû faire le tableau des compensations qui adoucissent l'état d'esclavage (puisqu'il faut l'appeler par son nom) ; je dois mettre en regard celui des chances défavorables qui rendent la chaîne plus pesante.

En voici une qui se présente quelquefois. Un seigneur possède deux terres à une grande distance l'une de l'autre ; la première manque de bras, la seconde en a plus qu'il n'en faut ; dans ce cas, on fait l'envoi d'une petite colonie vers le domaine en souffrance ; mais on use sobrement de cette mesure très-chanceuse, en ce que les paysans ne supportent pas toujours le changement de lieux, d'habitudes ou de température; souvent ils gagnent *le mal du pays*, ils souffrent, ils languissent, et le propriétaire s'appauvrit par les mortalités.

Autre exemple. Les habitans d'un village n'ont qu'à se louer de leur seigneur, et sont heureux, à leur manière, sous sa tranquille domination; demain, il vend sa terre ou il meurt; voilà ces bonnes gens dévorés d'inquiétudes. Quel homme sera le nouveau maître? quel mode d'administration choisira-t-il? Exigera-t-il plus que le prédécesseur? Et si c'est le fils de ce bon maître regretté, pleuré, ressemblera-t-il à son père? aura-t-il sa douceur, sa bienfaisance, son humanité?... Rien de si cruel que ces incertitudes et ces changemens; c'est alors que l'esclave sent le poids de sa dépendance. Cependant, la chance d'hérédité est la moins redoutable, parce que, généralement, le respect qui s'attache à la mémoire du père s'étend au régime adopté pour l'administration des biens.

Le jeune comte *Schérémeteff*, qui est, je crois, le plus riche particulier de la Russie, se rend digne de sa fortune par sa religieuse modération. On cite ses paysans comme les plus heureux de l'empire ; leur redevance est, en quelque sorte, illusoire pour beaucoup d'entre eux, et très-légère pour les moins riches. Cependant le jeune comte a un revenu énorme , parce que le nombre de ses paysans dépasse cent mille ; mais il respecte les intentions de son père ; cette conduite l'honore d'autant plus, qu'il fait beaucoup de bien. Dans tous les appels aux ames généreuses, il répond noblement par des offrandes de trente, cinquante et cent mille roubles. Ce mérite de grandeur bienfaisante est encore relevé par le charme d'une parfaite modestie ; enfin, on jurerait que l'aveugle déesse y voyait très-clair le jour où elle répandit tous ses dons sur le comte Schérémeteff.

Quand un père laisse plusieurs fils, un démembrement devient presque toujours indispensable ; il est très-difficile que les cultivateurs ne soient pas froissés par cette opération. Il faut dire aussi qu'en général ils sont mieux traités par les grands propriétaires que par les petits. Tous les travaux s'allègent par la multitude des bras ; mais la charge s'allourdit quand elle pèse sur un petit nombre. Un demi-seigneur, dévoré du désir d'étendre son étroite domination, se montre plus minutieux et plus exigeant pour ses quatre ou cinq douzaines de vassaux que le grand seigneur désarmé par l'abondance et le luxe qu'il doit aux cinq ou six mille hommes chargés d'organiser ses jouissances.

J'ai entendu beaucoup de gens s'appitoyer spécialement sur la triste condition des hommes employés dans les fabriques de leurs maîtres ; le cultivateur peut s'étourdir sur sa position, il peut même la trouver heureuse ; si, aujourd'hui, il travaille pour un autre, demain il fécondera la terre qui doit nourrir ses enfans. Cette pensée l'égaie et le soutient ; d'ailleurs, il existe dans la vie champêtre un je ne sais quoi de paix et d'espérance qui calme toutes les douleurs ; c'est la récompense d'une existence selon la nature et selon les vues de Dieu ; mais le paysan, arraché au grand air, tristement fixé devant des mécaniques, et se livrant à des travaux, sans courir les chances des bénéfices particuliers, doit regretter amèrement les sillons et le village.

Enfin, la plupart des outpravitels (intendans) ne passent point pour concourir, avec leurs maîtres, au bonheur des paysans, tous

sont des esclaves ; et l'on sait ce que c'est que
d'obéir à des subalternes. Ces agens n'ont pas
le droit, il est vrai, d'augmenter le poids des
charges stipulées par le seigneur ; mais l'on conçoit à quelle multitude de petites vexations peut
se livrer un homme humoriste, fripon, ou enflé
de sa petite grandeur, lorsqu'il est contrarié par
quelques résistances. Cependant malheur à lui,
malheur même à son maître, si l'abus du pouvoir passe certaines limites.

Je dois dire que la redevance exigée par le
propriétaire, pour prix de l'obrok, est faculta-
tive ; c'est lui qui la détermine à son gré ; et
voilà positivement un des plus grands abus. Si
le seigneur est bon, il la proportionne aux gains
que peut faire le paysan libéré temporairement
de la glèbe ; mais souvent aussi elle est portée
beaucoup trop haut. En voici un exemple : un
paysan russe, muni d'un obrok, entra en qualité d'ouvrier chez un facteur de pianos ; il était
doué d'une adresse si prodigieuse que ses gages
s'élevèrent progressivement à deux mille cinq
cents roubles. Le maître de la terre à laquelle
appartenait le jeune homme, instruit de sa
bonne fortune, réclama cinq cents roubles pour

le renouvellement annuel de l'obrok ; l'esclave y
consentit. L'année suivante on exigea sept cents
roubles ; nouveau consentement. Le jeune homme
fit venir sa mère vieille et infirme ; c'était un
service rendu au maître, qu'on délivrait d'une
bouche inutile. Cependant le seigneur se pré-
valut d'une nouvelle permission pour lui demander quinze cents roubles à la troisième année ; c'était plus de la moitié de son gain. Le
paysan, indigné de cette injustice et de cette
avidité, la déjoua en renonçant à son industrie.
Il alla trouver le facteur, et lui déclara qu'il
retournait au village avec sa mère. « Mon seigneur, dit-il, n'est ni humain, ni raisonnable ;
eh bien ! il n'aura que mes bras. » Il partit au
grand regret du marchand de pianos, qui perdait
son meilleur ouvrier.

L'AFFRANCHISSEMENT.

Le lait de la liberté est une liqueur enivrante ; s'il est donné sans mesure, il tue le nourrisson.

Anonyme.

LE paysan russe étant l'ame de la propriété, force est au maître de n'en point exiger plus qu'il ne peut faire. De sa modération et de sa justice, dépend la prospérité de sa terre, et l'exactitude dans la perception des revenus. Aussi, sauf quelques exceptions, les gens de campagne sont-ils traités paternellement. D'ailleurs, ils possèdent un sentiment si exquis du juste et de l'injuste, que, bien que façonnés à la dépendance, ils ne souffriraient point qu'elle fût aggravée par de mauvais traitemens. Ils se résignent à une correction s'ils croient la mériter ; mais, lorsqu'elle est l'effet du caprice, leur

raison s'en indigne ; ils murmurent d'abord sour-
dement, et si les ressentimens s'accumulent,
l'orage éclate, et la vengeance est terrible ;
souvent elle ne s'éteint que dans le sang de
l'homme cruel qui provoqua ce déchaînement.
On m'a cité d'effrayans exemples : voilà donc
trois garanties pour le serf, l'humanité, l'intérêt et la crainte. Je mets l'humanité en première ligne, parce qu'il est juste de dire que la
noblesse russe entend très-bien ce sentiment.

Les hommes mécontens de leur seigneur,
mais qui ne sont point arrivés à ce degré d'exas-
pération qui enfante une haine hostile, n'ont
garde de repousser des excès par d'autres excès ; ils craindraient de gâter la bonté de leur
cause. La prévoyance du souverain ouvre différentes voies à leurs réclamations ; ils y recou-
rent avec adresse et intelligence ; le cri de
l'oppression s'élève jusqu'au gouverneur général
de la province ; s'il n'est point écouté, il retentit
jusqu'à l'empereur lui-même. Souvent une députation, composée des anciens du village, s'é-
chappe furtivement, parcourt d'immenses distances, et se fait jour jusqu'aux marches du
trône, où elle dépose ses respectueuses doléan-

ces. Le prince ordonne une enquête rigoureuse, et si la plainte est légitime, il punit l'oppresseur avec une redoutable sévérité. On a vu des seigneurs dégradés de leur rang militaire, et des femmes enfermées dans un couvent. J'ai été témoin de quelques actes éclatans de la justice souveraine. Lorsque Alexandre obtient la certitude que les paysans d'une terre sont gouvernés trop durement, il nomme une commission chargée de percevoir les revenus ; le seigneur est frappé d'interdiction ; et, dès ce moment, il perd tous les droits dont il abusa. Les paysans ont-ils à se plaindre de *l'outpravitel*, le cas est moins grave, et le succès devient encore plus facile ; ils vont droit au seigneur dans la ville qu'il habite. Tout le monde s'accorde à dire que ces braves gens sont admirables dans l'expression de leurs doléances ; ils savent allier au respect, et à une sorte de tendresse filiale, cette énergie mâle des hommes encore placés près de la nature ; il est inoui qu'ils se permettent la moindre altération des faits ; souvent le riverain du Volga, de l'Occa et de la Mologa, se montre aussi parfaitement éloquent que le *paysan du Danube*, mais il est moins sauvage.

Nous vîmes, un soir, Mme de V*** rentrer toute émue dans son salon ; elle venait d'entendre une de ces harangues : ses yeux étaient encore humides de larmes ; le surlendemain elle partit pour ses terres, destitua l'intendant, redressa les torts, et rendit la paix à son village *.

L'asservissement à la glèbe remonte au seizième siècle ; le czar Iwan, Vassilievitch IV, eut le premier cette mauvaise inspiration. Iwan

---

* Il y a dans quelques provinces des paysans libres qui cultivent leurs propres biens ; plusieurs sont princes ou gentilshommes sans titres.

La jolie pièce du *Melnik* (le Meunier) donne une idée très-juste de ces nobles déchus. Cette pièce fut représentée pour la première fois sous le règne de Catherine. On la voit toujours avec plaisir ; elle plaît par la variété des airs nationaux : c'est, à proprement parler, un vaudeville. Voici, en très-peu de mots, quelle en est l'action.

Un paysan épouse une demoiselle noble, mais pauvre. Quand leur fille est en âge de se marier, grand débat dans la maison ; le père veut pour gendre un bon paysan qui travaille bien ; la mère veut un gentilhomme, et n'en démord point. Un ami commun est assez heureux pour concilier tous les intérêts. Il présente un jeune homme qui est à la fois noble et paysan. Ce gendre mixte est d'autant plus convenable pour tout le monde, que, secrètement, il est aimé de la jeune fille.

fut surnommé modestement *le Terrible;* par pure courtoisie, quelques auteurs russes se contentent de l'appeler *le Menaçant*, épithète très-insuffisante pour un prince dont la prompte férocité ne se donnait guère le tems de la menace. Ces variantes de surnoms prouvent que les historiens russes * manquent de franchise ou de courage ; il fallait caractériser ce tyran comme il le mérite, et s'y tenir. On a moins transigé dans le midi de l'Europe, où l'on dit franchement *Pierre-le-Cruel* et *Charles-le-Mauvais;* cela ne laisse point de doute à l'esprit.

Aux yeux de la nation, Iwan IV conserve encore le mérite d'avoir conquis les royaumes de Kasan, d'Astrakan, et une partie de la Sibérie. Quant à moi, je ne lui en sais aucun gré, ne pouvant concevoir que la conquête d'un pays très-éloigné du centre de l'empire doive beaucoup contribuer à sa prospérité. Je ne découvre

* Ce reproche ne peut s'adresser qu'aux historiens antérieurs à M. Karamsin. Cet illustre écrivain, dans le neuvième volume de son *Histoire de Russie*, ne ménage point la mémoire d'Iwan : loin de là ; il peint ce monarque avec une si effrayante vérité, qu'on est tenté de prendre *Néron* et *Caligula* pour des moutons, comparativement à la férocité du tyran moscovite.

dans ces exploits que l'unique satisfaction du
conquérant; le peuple reste froid devant ces
lauriers, qui, presque toujours, tournent à son
détriment. Car, prenant sur le terrain de ses
victoires le ton de la violence et de l'oppression,
le héros, revenu au sein de ses états, se montre
violent et oppresseur par la force de l'habitude;
le bras est désarmé, mais le caractère ne l'est
point. Faute de mieux il fait la guerre aux institutions et aux sages libertés; cela s'est vu de
nos jours comme de tous tems. Aussi, les hommes sages et doués d'un vrai patriotisme, ont
tous un grand fonds de mépris pour les conquérans; leur gloire n'éblouit que les orgueilleux
ou les sots.

Ce fut donc Iwan, le menaçant, le terrible
ou le tyran, qui imagina d'anéantir la faculté
que les paysans conservaient de changer de domicile et de maître. Cet acte despotique trouve des
apologistes. On le justifie par l'empire des circonstances. On dit que le brusque passage des
cultivateurs d'une province dans une autre dé-
générait en abus, qu'il livrait l'empire à tous
les maux du vagabondage, et par suite aux
horreurs de la famine. La loi les contraignit à

rester sédentaires dans leur village. Sous les règnes suivans, cette disposition subit de fréquentes
alternatives, suivant les exigences et le caprice
des événemens. La liberté du choix de domicile
fut ôtée et rendue. Au milieu du dix-septième
siècle, Alexis Mikaëlovitsch * se prononça rigoureusement pour la stricte observance de la
loi d'Iwan, et Pierre-le-Grand, fils d'Alexis,
la fixa irrévocablement, en 1718, époque du premier dénombrement de l'empire. Ce prince établit l'impôt de la capitation par tête ; jusqu'a-
lors il n'était prélevé que sur chaque famille.
Ce mode nouveau exigeait le séjour inamovible
des paysans, sous peine de percevoir irréguliè-
rement. Les choses se sont perpétuées. Toutefois, depuis ce moment, par l'effet de modifications successives, le nombre des serfs a bea ucoup
diminué, quoique d'une manière insensible, re-
lativement à la population de l'empire.

Ces modifications sont nombreuses et diver-

* Alexis Mikaëlovitsch fut le seul souverain d'Europe
qui refusa d'accorder audience aux ministres plénipotentiaires de Cromwel. Ainsi, dans cette circonstance,
la barbarie se montra plus fidèle à l'honneur et à la lé-
gitimité que la civilisation.

ses ; la principale est celle du recrutement. En supposant que cet impôt fût porté annuellement à cent mille hommes, prélevés sur la propriété territoriale, puisque le paysan y est attaché ; voilà cent mille personnes enlevées à la glèbe, déclarées libres, elles et leurs enfans à naître. Le joug militaire succède à celui du seigneur : dès que le soldat est inscrit sur les rôles de l'armée, son maître le perd à jamais, et n'exerce plus aucun droit sur lui. L'émancipation s'étend à la femme, et s'il la laisse enceinte lorsqu'il rejoint les drapeaux, cet enfant appartiendra à la juridiction militaire. Les enfans nés antérieurement restent sur le sol où ils reçurent le jour.

Non-seulement l'entrée dans un régiment constitue le don de la liberté ; mais elle est encore un acheminement à celui de la noblesse. Si un paysan, bon sujet et brave militaire, s'élève au grade d'enseigne, dès cet instant il est noble.

Mais, il faut en convenir, cette liberté et l'expectative de ces honneurs sont trop chèrement achetés par l'étroite dépendance de l'état militaire et la longueur désespérante d'un engagement de vingt-cinq années. Il n'est guère de paysan que cet immense avenir ne décourage. La nouvelle d'un enrôlement jette la consternation dans les villages. Le départ est amer et douloureux, comme lors de nos conscriptions *du bon tems*. On ne le reverra plus ce champ qu'on a cultivé, et ce bon père dont on voulait aider la vieillesse. L'obéissance au seigneur paraît alors mille fois plus douce que celle du joug militaire. Cette répugnance, presque générale, est certainement un hommage rendu à l'humanité des seigneurs russes et à la douceur de leur commandement.

Tout seigneur peut accorder la liberté à un serf dont il veut récompenser les services et le dévouement. Des affranchissemens partiels se font aussi, au moyen d'une somme qui devient le prix du rachat. La valeur est déterminée par le maître, d'après la fortune mobiliaire de celui qui veut se racheter. Si ce dernier la trouve trop onéreuse, il retire sa demande jusqu'au jour où les prétentions pourront s'affaiblir. Dans tous les cas, un propriétaire reste toujours maître d'accorder ou de refuser l'affranchissement : on en a vu résister aux offres les plus brillantes, soit par originalité, soit par le désintéressement

qu'inspire la possession d'une grande fortune.
On m'a cité un marchand, ultra-millionnaire,
qui proposa la moitié de ses biens pour donner à l'autre moitié les charmes de la liberté.
Le seigneur lui répondit : « Mon enfant, garde
tes roubles; je n'en ai que faire; mais je m'honore d'être ton maître; je suis fier de pouvoir
dire que mon vassal est presque aussi riche que
moi. Si tu n'es pas libre par le droit, tu l'es
par le fait; ne fais-tu pas tout ce qui te plaît;
ne vas-tu pas où tu veux? Après nous, nos enfans s'arrangeront comme ils l'entendront. »
En effet, ce marchand, sorti depuis trente ans
de son village, restait paisiblement à Pétersbourg; moyennant une redevance annuelle pour
l'obrok, il n'avait rien à démêler avec son
maître.

Le contrat de rachat, entre le propriétaire
et l'esclave, est soumis à de sages règlemens,
qui assurent sa validité et préviennent toute
surprise de part et d'autre. Quant à la loi sur
les affranchissemens collectifs, qui est d'une
bien autre gravité, on la trouve aussi sage,
aussi prévoyante que peuvent l'être les institutions humaines. Il serait trop fastidieux d'en

détailler ici toutes les combinaisons ; la première, comme je l'ai dit, est le consentement
authentique des paysans ; lorsqu'ils sont parfaitement d'accord avec leur seigneur, et que
toutes les formalités voulues par l'oukase sont
remplies, l'acte est présenté à l'homologation du
maréchal de la noblesse, qui l'adresse au gou-
verneur-général de la province ; celui-ci l'envoie au sénat qui fait son rapport à l'empereur,
et sa majesté confirme l'affranchissement.

Dès lors, les paysans qui s'absentent pour
exercer une industrie ne sont plus obligés au
paiement de l'obrok, et ceux qui restent sur
les terres jouissent, en travaillant, des mêmes
avantages de propriété qui assurent leur existence,
sans être désormais passibles des peines corpo-
relles. Par ce don de la liberté, ils acquièrent les
moyens de faire entendre immédiatement leur
plaintes en cas de vexations ; le capitaine de police du district est autorisé par la loi à veiller au
maintien de leurs nouveaux droits, et à l'exécution rigoureuse des articles de l'acte d'affranchissement.

Parmi les grands propriétaires qui donnèrent
la liberté à leurs serfs, on cite le comte *Serge*

Romantzoff, frère du chancelier. Grâce à beaucoup de prudence, l'affranchissement de son village s'est opéré sans secousses, sans que l'ordre et la tranquillité aient éprouvé la plus légère atteinte.

Cette absence de mouvemens orageux honore à la fois le gouvernement, la noblesse et le peuple. De tels exemples font espérer qu'à la longue cette grande œuvre sera menée à bien, sans que les libérateurs soient les victimes de leurs bienfaits.

Le mérite d'une modération réciproque éclata surtout dans les opérations qui préludèrent à l'affranchissement général de deux grandes provinces, l'Esthonie et la Livonie. Avant l'année 1817, tous les cultivateurs de ces gouvernemens étaient esclaves comme dans les autres provinces russes, lorsque Alexandre conçut la généreuse pensée de les affranchir. On eut la sagesse d'adopter un système de gradation, seul moyen de conjurer les tempêtes.

L'oukase portait qu'un paysan pourrait passer d'une paroisse à l'autre après avoir restitué au maître tous les ustensiles et instrumens aratoires qui lui étaient confiés pour la culture des terres.

Une conduite sage était l'une des conditions imposées au candidat à la liberté; disposition morale dont on ressentit les effets salutaires. Après un séjour déterminé dans le nouveau domicile, ces mêmes paysans obtenaient permission de changer de district, s'il ne s'élevait aucune plainte contre eux. Dans le cas où le seigneur mettait des entraves à ce changement, sans motiver sa résistance au libre exercice de l'oukase impérial, une commission, composée du maréchal de la noblesse, du gouverneur et autres fonctionnaires, jugeait de la validité des plaintes réciproques, et surveillait sévèrement l'exécution de la loi et des règlemens organiques.

Ces premiers essais ayant réussi au gré du souverain et des parties intéressées, il fut statué que, le jour de Saint-Georges, 21 avril 1823, une liberté pleine et entière serait accordée à la moitié des pères de famille ayant ménage; le même jour, en 1824, à la moitié des hommes non mariés; enfin, en 1825, à l'autre moitié de ces deux classes. D'après cette opération, l'an 1826, le soleil n'éclairera, dans les deux provinces de Livonie et d'Esthonie, que des hommes libres et arrachés à la glèbe. Ce sera un beau triomphe, puisqu'il sera obtenu sans convulsions, et selon le bon vouloir de tous.

Le plus riche marchand russe, fût-il affranchi, n'a pas le droit d'acheter des terres à paysans. La législation est très-sévère à cet égard; la possession des biens ruraux de cette nature est le privilége exclusif de la noblesse. Les marchands, privés de ce mode de placement, se retranchent sur les achats de maisons; ils y consacrent d'immenses capitaux. On en cite qui en possèdent quatre ou cinq. Celles situées dans les quartiers populeux et à boutiques donnent un intérêt de dix pour cent; partout les loyers sont fort chers. Le gouvernement ne demanderait pas mieux, je pense, que d'anéantir cette restriction d'achat de terre, pour la classe marchande et bourgeoise. Une liberté entière dans les acquisitions, en imprimant un plus grand mouvement à la roue des affaires, augmenterait de beaucoup les revenus de l'état; mais une grande considération s'oppose encore à cette utile innovation. L'empêchement prend sa source dans les mœurs et dans les habitudes, plus puissantes que toutes les volontés. Ces mêmes paysans, qui pour la plupart portent sans murmurer la chaîne dont ils sont liés, qui, en obéissant à des propriétaires nobles, chez lesquels leur existence est assurée, envisagent cet état de choses comme l'une des vues de la Providence, s'irriteraient contre un de leurs égaux que sa fortune érigerait en maître ; ils ne pourraient souffrir qu'il vînt leur dicter des lois ; une rébellion soudaine le punirait de sa confiance : la première tentative de ce genre aurait peut-être un dénouement tragique pour un propriétaire *barbu.*

Plusieurs paysans affranchis ont profité du droit qui leur était laissé d'acheter des terres sans serfs ; il les exploitent et les font exploiter par des paysans libres. On en compte à peu près vingt mille dans cette catégorie ; ils sont disséminés dans les provinces orientales de l'empire.

Quelles que soient nos idées philosophiques, nous ne devons nous étonner ni de la résignation de la masse des paysans russes, ni même du goût de la plupart d'entre eux pour un état de choses qui nous semble révoltant. Chez ces gens simples et coutumiers, l'habitude est devenue une première nature; d'ailleurs, ils savent mal définir le mot liberté, et encore moins lui assigner sa valeur et ses droits. Une dame de la grande Russie avait expédié en Livonie l'un de ses gens, chargé d'une commission pour des parens; au retour du messager, elle le questionna sur la liberté des paysans de cette province : « La liberté? bah! madame, répondit-il, on vous a trompée, ces gens-là ne sont pas plus libres que nous; je les ai tous vus travailler : est-ce qu'ils travailleraient s'ils étaient libres? est-ce qu'on travaille quand on est maître de faire ce qu'on veut? » Cette seule réponse indique avec quel esprit de temporisation et de prudence on doit distribuer les périlleuses douceurs de l'affranchissement.

Quelques hommes turbulens de la Livonie s'imaginèrent qu'en devenant libres ils étaient maîtres de s'emparer des terres sur lesquelles ils travaillaient; il s'ensuivit le double refus de déguerpir et de payer le revenu. Le gouverneur de Riga, instruit de l'entorse que les affranchis donnaient à la loi, envoya devant les tribunaux dix des plus séditieux; on les condamna à l'exil en Sibérie; tout rentra dans l'or-

dre. Cette affaire était parfaitement connue ici,
j'en savais tous les détails. Dernièrement une
brochure parisienne, qui s'était glissée en Russie, me tomba sous la main; au milieu d'un
amas d'assertions dégoûtantes et mensongères,
je distinguai celle-ci : « La Livonie est en feu;
» le gouvernement russe et les nobles livoniens
» ont violé la liberté octroyée aux provinces oc-
» cidentales; les paysans, exaspérés par ce man-
» que de foi et les mauvais traitemens qu'on leur
» fait subir, se lèvent en masse pour conquérir
» eux-mêmes cette liberté qu'on se repent déjà
» de leur avoir donnée, etc., etc. » C'est ainsi
qu'on écrit l'histoire; je ne doute point que les
lecteurs bénévoles de la bonne ville ne se soient
appitoyés sur le sort des infortunés paysans livoniens, tout en prenant leur café à la crême. Si
j'étais à Paris, je volerais au secours de leur
sensibilité, et mettrais la supposition suivante
en regard de l'article qu'ils ont lu : « Si un fai-
seur de brochures, logé chez un honnête propriétaire de la rue aux *Ours*, refusait non-seulement de payer le loyer de sa chambre, mais
encore prétendait que cette chambre est à lui,
ne serait-il pas souverainement ridicule qu'un

folliculaire russe publiât que les propriétaires des maisons de la rue aux Ours attentent à la liberté des écrivains logés chez eux, et que ces derniers se lèvent en masse pour conquérir les maisons et pendre les propriétaires? »

Les grandes entreprises ne doivent pas s'exécuter brusquement. En 1789, nos législateurs promulguèrent, en se jouant, et sans préparatifs, la trop fameuse déclaration des droits de l'homme ; l'*ex abrupto* est d'un excellent effet à la guerre et dans l'éloquence, mais il devient funeste en législation. Ces droits furent terriblement mésinterprétés ; on fit croire au paysan français que le premier article du manifeste était ainsi conçu : « Brûler les châteaux, tuer les nobles, les prêtres, et tirer des coups de fusil sur les chevaux aristocrates (c'est à-dire à courtes queues). Dans plusieurs provinces les gens de campagne se conformèrent assez ponctuellement à ces instructions. C'est un grand malheur pour les peuples que ces éducations politiques faites au milieu du désordre et souillées par des excès de tout genre : voilà pourquoi la nôtre fut si parfaitement imparfaite.

Ici, en observant la marche des choses, on

devine que l'affranchissement est une des pensées dominantes de l'empereur Alexandre; une
grande partie des actes de son gouvernement en
porte la noble empreinte. Sous les règnes précédens, la couronne héritait d'un propriétaire
mort sans parens ; le droit de laisser ses biens
immeubles à un ami lui était refusé. Aujourd'hui, il peut, en mourant, affranchir ses serfs,
et disposer de ses biens en leur faveur, à la
charge par eux de quelques redevances à l'Eglise ou à des hôpitaux ; le gouvernement n'hérite que dans le cas où le seigneur n'ayant pas
d'héritiers meurt *ab intestat*. Ces dispositions
sont évidemment prises dans l'intérêt de la liberté des serfs, de même que les règlemens qui
obligent un maître à affranchir le jeune homme
envoyé par lui à l'école de médecine, à celle des
beaux arts, etc., etc.

D'autre part, l'obligation que s'impose Alexan·
dre de ne plus donner de terres de la couronne,
comme le faisaient ses prédécesseurs, suppose
encore une arrière-pensée pour les destinées futures de l'empire. Sa prévoyance entrevoit l'époque où le gouvernement sera en mesure d'offrir un honorable exemple à la noblesse, en af

franchissant tous les domaines qui appartiennent au souverain et à sa famille. C'est peut-être dans cette seule vue que le prince s'interdit rigoureusement tout ce qui limiterait un jour l'étendue de ce mémorable bienfait.

Quelle sera l'époque de cette grande mesure si désirée par la philanthropie?..... C'est un de ces mystères de la grande urne, qui reste fermée à tous les regards et muette à toutes les questions. On dit que les leçons du malheur ne font jamais fortune dans ce monde; il semble pourtant que les redoutables épreuves subies par plusieurs états ne sont point perdues pour l'empereur; la Russie repousse, autant qu'il est en elle, le calice sanglant des brusques émancipations, toujours funestes même aux émancipés. Les désastres de Saint-Domingue, ceux de tous les pays où de grands changemens ne furent point préparés par une longue méditation et de sages lenteurs, doivent prémunir contre le danger des théories. Les sentimens les plus généreux ont leur écueil; bouillans de leur nature, il faut savoir les modifier et en régler l'emploi. Le règne des illusions politiques est passé; malheur au souverain qui depuis trente ans n'a point appris que rien

ne ressemble au mal comme le bien fait trop
vite; les meilleures choses deviennent fatales,
lorsqu'on les reçoit par irruption; en un mot, je
n'ai jamais ouï dire qu'un torrent ait fertilisé les
campagnes.

— N° XLII —

UNE EXCURSION.

Des arbres résineux la robuste verdure,
Les mousses, les lichens qui bravent la froidure,
Des Russes, presque seuls, parent les longs hivers
Mais l'art subjugue tout ; le fer, vainqueur des airs,
De Flore dans ces lieux entretient la couronne,
Et Vulcain y présente un hospice à Pomone.
DELILLE, *les Jardins.*

QUEL bonheur d'échapper à ces neiges éternelles, à ces danses que je ne danse plus, à ces comédiens si peu comiques, à l'ennui des grandes soirées, à l'existence symétrique des bienséances et des devoirs, enfin, à ce qui n'est point le bonheur ni seulement le plaisir !

Oui, j'étais plus léger que le zéphyr en montant ce matin dans la calèche qui m'enlevait à la ville que j'aime peu, pour me transporter à la campagne que j'aime beaucoup. Ces instans de félicité sont fort rares ; s'ils devenaient communs, personne ne voudrait mourir, ou du moins personne ne mourrait avec bonne grâce.

La petite colonie voyageuse est animée de ma joie ; les chevaux eux-mêmes semblent ravis que la glace ne frémisse plus sous leurs pieds. Les barrières sont franchies. J'ai décliné au soldat *questionneur* nos noms et qualités ; j'avais envie d'ajouter que nous étions fort contens de quitter la ville ; mais cela aurait peut-être contrarié le grand-maître de police qui n'en sort jamais *.

La route de *Tsarskoë-Sélo* a une physionomie différente de celle de Péterhoff ; ce ne sont plus ces magnifiques jardins, ces élégantes maisons, ces riches eaux, ni ce golfe, sa plus brillante parure ; l'agrément disparaît et l'utile se montre. Des deux côtés de la route, nos regards se prolongent sur des plaines couvertes de moissons, et sur de riantes prairies. Il y a peu d'années que l'agriculture dispute à la fougère ce terrain dont celle-ci jouissait depuis la création.

J'aperçois des maisons simples et uniformé-

* Le général grand-maître de police ne peut jamais s'éloigner de la ville, même pour quelques heures, sans un ordre ou une permission de l'empereur.

ment bâties ; une belle avenue les précède : un
je ne sais quoi m'avertit que c'est la demeure
d'un *quaker*. Bientôt passe près de nous un
homme en cabriolet ; les larges bords de son
chapeau, l'ampleur du vêtement, et la gravité
de sa figure, me disent : « Tu ne te trompes
point, je suis quaker. » L'empereur lui con-
céda, pour dix ans, un grand terrain qui sera
vierge de contributions jusqu'à l'expiration du
terme ; alors il deviendra fermier de la couronne, s'il ne préfère s'en aller tranquillement
avec ses bénéfices. En fait-il ? comment deviner
cela sur cette impassible figure ? on ne sait jamais
si ces messieurs sont heureux ou mécontens.

Ce village, que nous traversons, est une colonie allemande. Cette borne de marbre, taillée
en pyramide, marque la onzième werste par-
tageant le chemin. Déjà la plaine fuit derrière
nous ; le terrain s'élève ; une chaîne de coteaux
embellit l'horizon. Nous voilà près d'une fontaine d'eau vive et d'un bois planté en amphi-
théâtre ; nous gravissons une montagne ; la
course des chevaux se rallentit ; c'est un accident heureux dans les environs de Pétersbourg
où l'on va toujours comme le vent.

Déjà nous respirons un air plus vif, plus pur.
Arrivés sur le plateau, nous voyons un village
de la couronne ; toutes les maisons, tous les
jardins se ressemblent ; chaque habitant n'a pas
un pouce de terre à envier à son voisin ; c'est
le système d'égalité la plus parfaite ; c'est la loi
agraire. Dès lors point de jalousie, point d'ambition. Si le bonheur se trouve quelque part, ce
doit être là. Cependant, je ne frapperai à aucune porte, je ne hasarderai aucune question,
dans la crainte de perdre quelque chose de ma
bonne opinion sur ces félicités symétriques.

Les terres cultivées disparaissent. Ces ombrages, ces obélisques, ces routes qui se croi-
sent, annoncent la *chaumière* du souverain.

La beauté du site de Tsarskoë-Sélo n'avait point
échappé à Pierre-le-Grand, lorsqu'il venait boire
du lait avec sa femme chez la vieille Hollan-
daise Sara. Un jour, il donne ce terrain à Catherine Ire, en l'engageant à y faire construire
une ferme. L'impératrice, pour suivre cette inspiration, profite d'une absence de Pierre ; mais
l'architecte, homme fort distrait, bâtit un château au lieu d'une ferme ; le jardin et la ména-
gerie s'ensuivirent. Au retour de l'empereur,

cette rapide métamorphose fut l'objet d'une agréable surprise; il aima beaucoup ce lieu, et se plut à l'embellir; peut-être mourut-il avec l'idée que ses successeurs s'honoreraient d'une demeure que ses goûts de simplicité lui faisaient trouver magnifique; mais sa fille-Elisabeth en décida autrement. L'amour du faste grandit avec l'empire russe. Elle fit bâtir un somptueux palais, d'après les dessins du comte *Rastrély*. Louis XIV, et son architecte Mansard, réservèrent modestement l'éclat de l'or pour l'intérieur du château de Versailles. Elisabeth, voulant renchérir sur la somptuosité du roi des rois, fit couvrir d'une brillante dorure tous les toits, corniches, moulures, trophées, cariatides et bas-reliefs extérieurs du palais. Lorsqu'elle se transporta, avec toute sa cour et les ambassadeurs, pour voir son éblouissant pied-à-terre, chacun fit de son mieux pour peindre l'étonnement et l'extase. M. le marquis *de La Chétardie*, ambassadeur de France, ne disait mot, et avait l'air assez indifférent. L'impératrice, un peu piquée, lui demanda à quoi il pensait. « Pardon, Madame, répondit le marquis, je cherchais l'étui de ce superbe bijou. « Ce mot valut à l'ambassadeur une petite immortalité, comme un seul quatrain immortalisa Saint-Aulaire; mais le mot fut encore prophétique; tant d'éclat ne pouvait lutter avec la puissance des hivers qui bravent les czars et leurs oukases. Chaque printems, il fallait réparer à grands frais ces malencontreuses dorures. Dans la suite, on résolut d'être moins brillant et plus durable. Un vernis jaune remplaça le riche métal; on peignit la toiture en vert tendre; dès lors, ce château cessa d'être une féérie pour devenir une belle maison royale. Lorsque Catherine II ordonna ce changement, une compagnie d'entrepreneurs offrit soixante mille roubles (alors deux cent quarante mille livres) pour qu'il lui fût permis de recueillir l'or extérieur. L'impératrice fit répondre qu'elle ne vendait pas ses vieilles hardes; ce mot déjoua la cupidité *de la bande noire.*

Cette princesse raffolait de Tsarskoë-Sélo, et lui donna de riches témoignages de son attachement. L'empereur Alexandre en fait ses délices. Ainsi, cette résidence fut aimée, caressée et embellie par trois souverains, qui n'épargnèrent aucun soin pour ajouter à sa magnificence. L'empereur Paul ne l'aima point, parce que sa mère l'aimait beaucoup; il affectait de passer devant le château sans le regarder. Cependant un jour il s'arrêta, examina long-tems la façade, puis, s'adressant aux personnes qui l'accompagnaient, il dit: « Messieurs, soyons justes, aucun voyageur, en voyant cette maison, ne sera tenté de demander à qui elle appartient. » On prétend que le soir même, quelques courtisans ne craignirent pas d'avancer que *Tsarskoë-Sélo* était une belle résidence.

Je reviens à l'extrémité de la grande avenue. L'appareil militaire se mêle pittoresquement aux beautés de la nature. Un corps-de-garde est placé en avant de la porte voûtée qui soutient le mont *Pausilippe*; ce monticule est bien nommé, car il forme la communication du parc avec les jardins du palais Alexandre; il est couronné par un joli kiosque dont le dôme s'appuie sur des colonnes d'ordre ionique. Un banc circulaire offre un point de repos à ceux qui traversent la frontière des deux jardins. La porte de la voûte est d'une épaisseur d'environ trois toises. Les revêtemens de la montagne sont hérissés des débris de rochers de forme conique. Sur la droite de l'avenue, les pieds du Pausilippe sont baignés par un large canal formant la limite du parc , et encaissé entre des talus de la plus belle verdure.

Me voilà dans le village chinois ; oh ! ceci est charmant, et tout-à-fait nouveau pour un voyageur ; on ne trouverait pas mieux dans les faubourgs de Pékin. Je reste long-tems devant ce merveilleux effet de Chine : c'est un joli village de forme circulaire ; il fut élevé par la baguette magique de la plus gracieuse des fées sur un plan dressé d'après nature , et dans des proportions toutes chinoises. Ces maisonnettes, au nombre de quinze , sont joliment et simplement meublées. Chaque été, l'empereur les assigne pour logement à ses aides-de-camp, généraux ou autres officiers du palais. Une immense salle ronde , formée par le contour des pavillons , sert de rendez-vous aux habitans de ce séjour.

Plus loin, sur la même ligne , aux quatre coins d'une salle de verdure , sont placées quatre statues de grandeur naturelle représentant des mandarins gravement assis et fumant leurs pipes. Dans ces tems de joyeuse mémoire , où le crêpe tricolore n'avait point encore assombri le monde, on riait en Russie comme on riait dans beaucoup d'autres pays. Quatre seigneurs de la cour

eurent l'idée de se costumer en mandarins, et
de se mettre à la place des statues. Catherine,
ayant dirigé sa promenade de ce côté, ni elle,
ni sa cour ne s'aperçurent du changement opéré,
grâce à la fidélité du costume et à l'immobilité
des poses. Tout à coup, on voit les lèvres et
les moustaches des magistrats chinois s'agiter,
et une épaisse fumée sortir de leurs pipes. A cet
aspect, quelques curieux prennent la fuite en
criant au miracle ; mais la cour, moins crédule,
s'approche du prodige ; alors les quatre mandarins s'avancèrent silencieusement vers l'impératrice, et se prosternèrent à ses pieds avec toute
l'exactitude du cérémonial chinois. On a remarqué que Catherine eut le souverain bonheur
d'être constamment entourée d'aimables et spirituels courtisans ; ils fournissaient aux plaisirs
de la cour les idées les plus ingénieuses ; c'est
bien à eux qu'on pouvait appliquer ce proverbe :
« Dis-moi qui tu hantes, je te dirai qui tu es. »

Je suis en face du palais. Paul Ier avait raison, je ne demanderai pas le nom du locataire.
La musique des hussards de la garde se fait entendre ; elle réjouit les airs et les cœurs ; c'était
venir à propos : il y a des jours marqués au coin

de mille petits bonheurs qui font un bonheur
tout entier. Je fus moins naïf que la reine Chris-
tine , qui disait *assez* au jet d'eau éternel de la
place Saint-Pierre ; mais, quand les chants eurent céssé , j'aurais volontiers dit *encore*, sans
la crainte de passer aux yeux de l'empereur pour
un mélomame trop familier.

On dit que toutes les résidences royales se
ressemblent ; je suis de cet avis , quant à l'intérieur des châteaux ; mais les jardins, les parcs,
présentent de remarquables différences. Ici , au
milieu de la plus profonde rêverie , je ne me croi-
rai jamais à Versailles où à Chantilly. Tsarskoë-
Sélo porte un autre cachet , un autre caractère.
Certes , il n'est pas mieux que le magnifique parc
de l'un , et les rians jardins de l'autre ; mais il
possède un charme original , une beauté qui lui
est propre.

M. *Bush* , dessinant ces jardins pour une
souveraine essentiellement créatrice, ne voulut
rien imiter : ici on ne trouve point l'*île de Vénus*,
le *salon de Flore* , le *temple de l'Amour*. Catherine s'affranchit de tout le cortége mythologique.
Une seule déesse règne avec ses souvenirs sous
ces beaux ombrages : c'est la Victoire. Au dé-

tour d'une allée, à l'aspect d'un lac, on est frappé par la rencontre imprévue d'un fait d'armes, d'un triomphe. Ce fut une inspiration à la fois noble et gracieuse de Catherine que d'associer aux enchantemens de la nature lâ gloire de ses généraux. Quoi de plus ingénieux que de graver les plus illustres pages de son règne au milieu des berceaux de fleurs! Jamais on ne rédigea l'histoire dans un style plus pittoresque.

Cette colonne, qui s'élève majestueusement, est consacrée au vainqueur de *Tchesma;* un aigle d'or, aux serres armées de foudres, couronne le sommet de l'obélisque; l'incendie des vaisseaux turcs est représenté en bas-reliefs aux quatre faces du piédestal. Tout près s'élève encore un monument guerrier en mémoire de la bataille de *Kahoul*, commandée par *Romantzoff*. Seize mille Russes défirent cent cinquante mille Turcs; la fortune qui, souvent, se joue du nombre, se rangea du côté de la discipline et de l'art militaire.

Ce kiosque est un souvenir de l'ambassade du prince *Repnine* à Constantinople; les dessins, les étoffes qui le tapissent, tout est copié d'après nature : on dirait qu'il arrive du sérail.

En 1771, la sagesse et la prévoyance de Grégoire Orloff arrêtèrent les ravages de la peste qui dévorait Moscou : un arc de triomphe rappelle son dévouement patriotique. Je salue avec respect ce monument de reconnaissance. Vaincre ses ennemis en bataille rangée a du bon; mais triompher d'un fléau destructeur me paraît encore mieux.

Voilà une sombre allée; une tour gothique est bâtie au dessus d'une grande voûte; les murs sont crevassés, les créneaux éboulés : on dirait que tout vient d'être battu en brêche par les coups pressés du bélier. Cette énorme pierre est pendante; je suis tenté de crier *gare !* à celui qui passe; mais elle menace depuis soixante ans sans faire de mal à personne. Jamais ruines ne firent plus d'illusion; elles furent construites d'après les dessins de *Felter*, en commémoration de la guerre de 1762. Sur le haut de la tour végètent quelques bouleaux semés par le vent; son souffle impétueux jeta peut-être sur cette cîme les graines de l'arbre déraciné par sa fureur.

Je me sépare des images guerrières pour admirer les conquêtes de Catherine dans le do-

maine des arts. Qui n'a pas entendu parler de
la belle colonnade de *Camerone?* c'est un des
triomphes de l'architecture; sa prodigieuse élévation, l'élégance du pavillon vitré placé au
centre, et conservant les formes aériennes des
deux galeries parallèles, tout respire l'enchantement dans cette belle création; elle présente l'assemblage du gracieux et du sublime;
l'art ne saurait aller plus loin. Je franchis les
larges degrés conduisant à cette demeure; les
habitans de l'Olympe et les grands hommes de
tous les pays s'y donnèrent rendez-vous. Une
Vénus, sœur cadette de celle de Médicis, regarde assez tendrement Solon et Lycurge. Fox
est placé entre Démosthène et Cicéron; au bas
de son buste on lit : *année* 1791, comme si ce
ministre fût né alors. Un ambassadeur étranger
demanda à l'impératrice la cause de cette singularité: « C'est que, pour nous, répondit-elle,
Fox n'existe que de ce moment. » En effet, dans
les discussions parlementaires de 1791, il s'é-
tait montré favorable aux intérêts de la Russie.
Une tête colossale de Junon, celle de Jupiter,
de Bacchus et d'Achille, le groupe de Niobé,
les deux Faustines, l'impératrice Livie, l'Her-

cule de Farnèse, la statue de Flore, celles des
Muses et des Satyres, plusieurs bustes en bronze,
fondus à l'académie de Pétersbourg, forment la
noble société du pavillon Camerone; ce beau séjour était la succursale de l'Hermitage. Dès que
le printems du Nord faisait sa rentrée, les her-
mites s'acheminaient vers cette résidence, et les
douces habitudes de l'hiver, les causeries in-
tarissables, les correspondances scientifiques et
littéraires, les nouvelles frivoles, enfin, tout le
riant bagage des petites soirées suivait l'aimable colonie dans ses quartiers d'été. On se réu-
nissait au pavillon vitré pour y jouir de la beauté
des nuits sans ombres, des brises embaumées
de l'oranger et du myrte, enfin, de la mélodie de
plusieurs musiques, les unes lointaines, d'autres rapprochées et dialoguant comme des ros-
signols.

Puis venait la douce familiarité du banquet,
car on soupait alors, et on ne s'en affligeait
point; mais ce plaisir, un peu physique, était
ennobli par l'esprit vif et enjoué des convives.
On se séparait avec le grand jour, et aussi avec
le regret d'aller dormir, et de cesser de vivre
pendant quelques heures.

Je ne veux point oublier la statue de Voltaire ; il est assis dans un fauteuil, vêtu d'une
robe de chambre, et coiffé d'un bonnet de nuit ;
je ne sais qui lui joua le tour de le placer en si
bonne compagnie avec un costume aussi négligé.
Lorsqu'il courtisait les rois, il était fort recher-
ché dans sa mise. Quelquefois sa plume osa les
traiter assez lestement ; mais en face des ma-
jestés ses manières furent toujours convenables
et respectueuses ; il s'est plaint, dans une de
ses lettres, que *Pigal* l'eût représenté en Vénus ;
il aurait pu se plaindre davantage de l'étrange
costume dont on l'affublait sous les yeux de
l'impératrice.

En descendant je rencontrai plusieurs valets
du château, portant des assiettes de fruits ; ce
sont des cadeaux faits par l'empereur aux femmes des officiers de sa cour. Le village chinois
en est abondamment pourvu. Ce tribut du souverain au sujet suit une ligne directe, il ne
prend point ces circuits d'office qui allégeraient
son poids, il arrive intact ; les fruits sont éti-
quetés par Alexandre lui-même. Cette distribution me rappela celle du gibier des chasses, que
Louis XV présidait en personne.

Les allées des jardins seraient parquetées en acajou et cirées tous les jours, qu'elles ne paraîtraient ni plus unies, ni plus propres ; de nombreux *bostangis* guettent, je crois, le souffle du zéphyr pour enlever la feuille ou le brin d'herbe qu'il fait voltiger. Les balais sont en permanence. L'hiver, mêmes soins, même recherche ; la neige a beau faire, défense à elle d'envahir les promenades. Cette police est d'autant plus rigoureuse que l'empereur la surveille en personne. L'ordre et l'extrême propreté sont deux de ses innocentes passions. Le comte *Capo-d'Istria* comparait ces jardins à un *promis*, qui ferait cinq à six toilettes par jour pour plaire à sa *promise*.

La personne qu'on rencontre le plus souvent ici, c'est le souverain, tantôt seul, quelquefois avec l'impératrice. Il salue les promeneurs. Parfois il aime à s'entretenir avec les dames qui se trouvent sur son passage ; mais, ce qui lui plaît beaucoup moins, c'est la présentation d'une supplique. En effet, le plaisir de la promenade serait gâté pour ce souverain, si, à chaque détour d'une allée, il trouvait une figure suppliante ; aussi n'ai-je vu personne se permettre cette licence.

En ma qualité de *don Quichotte* des jardins, je pouvais craindre que mon visage, vu trois ou quatre fois, ne fatiguât le regard impérial ; aussi, après deux entrevues, je mettais tous mes soins à l'éviter ; s'il m'avait fait l'honneur de s'en plaindre, ma réponse était toute prête ; je lui aurais dit : « Sire, *si je vous haïssais, je ne vous fuirais pas.* »

Alexandre aime ce lieu avec passion ; il fut pour ainsi dire son berceau ; il courut sur ces gazons ; il apprit l'équitation dans ces belles allées ; il maniait la rame et voguait sur ces eaux, entouré d'un peuple de cygnes familiarisés avec leur jeune maître. La jeunesse de celui que le trône attend est mille fois plus heureuse que le moment où il est grevé de toutes les amertumes du pouvoir. Ce prince, pénétré de la plus tendre vénération pour la mémoire de l'impératrice Catherine, se plaît dans une résidence où son ame religieuse est entourée des brillans souvenirs d'une grand'mère qui l'adorait.

Je le vois quelquefois causer long-tems avec son jardinier ; sa physionomie offre alors une grande quiétude ; ces légers intérêts de fruits et de fleurs le délassent des grandes affaires. J'aime à découvrir ces rapports familiers du maître d'un

grand empire, avec un maître jardinier; il nous
rend quelque chose des mœurs antiques; on croit
retrouver le bon roi Alcinoüs, commandant une
cueille des plus beaux fruits et des meilleurs
légumes du jardin, pour régaler son hôte Ulysse.
Il y a je ne sais quoi de piquant dans tout ce
qui rapproche un souverain de la nature et des
coutumes bourgeoises de la vie.

Le jardinier me paraît jovial et facétieux; ce
brave homme conserve en face du maître, qu'il
fait sourire, une liberté de réplique et d'esprit
que pourraient lui envier beaucoup d'excellences
russes. Hélas! peut-être le souverain lui-même
envie-t-il quelquefois le sort de ce ministre des
fleurs.

Je ne sais si je me trompe, mais je démêle
souvent dans les traits d'Alexandre une empreinte de tristesse et de pénible préoccupation;
si je le rencontre en calèche, sur la grande route,
dans ces momens où, seul avec soi-même, on
ne cherche point à se composer un visage, je
retrouve cette même expression. Combien de
fois ne m'est-il pas arrivé de dire à ma femme:
« Je viens de voir l'empereur; mon Dieu! qu'il
y a de nuages et d'inquiétudes sur cet auguste

front ! » Rien n'est pénible comme de pouvoir soupçonner, dans celui dont tout le monde envie la gloire et le bonheur, une cause secrète d'a—mertume. Entrevoir des souffrances morales dans l'être puissant qui ne fait souffrir personne étonne et attriste l'imagination *.

Le genre de vie qu'adopta ce prince, depuis quelques années, est si fort en opposition avec les premiers tems de son règne, qu'il atteste un fond réel de mélancolie. A peine au milieu de sa carrière, et dans la force de l'âge, on lui voit mener une existence triste et solitaire. Levé à six heures dans toutes les saisons, il travaille jusqu'à huit; ensuite, il se promène, et rentre pour déjeuner. A midi, accompagné d'un do—mestique, il monte en calèche et va à Pawloky, pour y voir les princesses. Au retour il dîne seul ou avec l'impératrice, et se promène quelque tems; puis il rentre chez lui, et on ne le voit plus. Il consacre au travail ou aux courses rê—

---

* Cette cause de préoccupation n'est plus un mystère. Alexandre n'ignorait point les projets parricides dont l'exécution éclata quelques jours après sa mort; il avait la triste conviction que le moment était venu, de frap—per ou d'être frappé.

veuses toutes les heures qu'un souverain livre si volontiers aux douceurs des causeries intimes avec un petit nombre de familiers : voilà pour l'existence champêtre ! Quant à celle du palais d'Hiver, sauf quelques légers changemens, elle est la même. A neuf heures du matin je le vois se rendre très-exactement à la salle d'exercice (située sur la place du Palais), pour faire parader la garde montante. Ce devoir, qu'il s'est imposé, semble être pour lui un plaisir, quoique d'une nature assez monotone. Vers midi, il monte en calèche ou en traîneau, avec un seul cheval ; souvent même il va à pied, et toujours sans suite, chez les grandes duchesses ; vers les deux heures, il rentre, dîne, et tout est fini comme à Tsarskoë-Sélo. Je ne l'ai vu qu'une seule fois au théâtre public. Les représentations de l'Hermitage sont tout-à-fait abandonnées ; il ne va plus que très-rarement dans quelques maisons particulières pour y causer librement ; autrefois, c'était une des choses qui lui plaisaient le plus.

On remarque en lui une exagération de simplicité qui dénote sa répugnance pour le cérémonial du trône ; on dirait que, sous ce rap-

*

port, il veut être empereur le moins possible. Les jours de grande revue, il se montre entouré d'un nombreux cortége d'aides-de-camp ; mais, hors ces rares occasions, il va toujours seul et sans escorte ; il n'assiste qu'aux grandes solennités où les traditions du rang suprême commandent sa présence ; enfin, on peut dire que c'est l'homme de la cour qui va le moins à la cour. Bien qu'écrivant et parlant très-purement plusieurs langues, on le dit très-indifférent pour les littératures de tous les pays, en commençant par la sienne ; excepté M. Karamzin, qui, en sa qualité d'historiographe, peut quelquefois causer avec lui, jamais on ne cite un entretien de ce monarque avec aucun littérateur ; on ne dit rien non plus de son amour pour les lettres, et il n'a point, comme ses prédécesseurs, de correspondant littéraire à Paris.

Le corps diplomatique si à la mode, et si fêté du tems de Catherine, sauf les audiences particulières, ne voit sa majesté que trois à quatre fois l'an, lorsqu'il y a ce qu'on appelle grande cour. Dans la saison la plus rigoureuse, l'empereur s'échappe de la ville pour aller passer trois ou quatre jours à *Tsarskoë-Sélo* ; il n'em=

mène avec lui que l'aide-de-camp de service ;
encore souvent cet officier ne le voit-il que
lorsqu'il traverse les appartemens pour aller se
promener dans les jardins. Enfin, sur un des
trônes les plus élevés, Alexandre mène presque la vie d'un anachorète; cela fait suppo-
ser qu'il reste parfaitement au courant de sa
besogne. Aussi, lorsqu'un ministre est ajourné,
il ne peut s'en prendre aux plaisirs de son maître,
qui n'en goûte aucun.

Il est des genres de travail dans lesquels il
se complaît particulièrement; je sais de très-
bonne part que celui des relations étrangères
est fait par lui; il s'en occupe constamment, et
cette occupation l'amuse autant qu'elle l'inté-
resse. Les colonies militaires prennent aussi une
grande partie de son tems; il en soigne minu-
tieusement tous les détails, et visite très-souvent
cette création de son règne, à laquelle il sacri-
fie beaucoup d'argent.

Chez certains hommes, rien ne ressemble
moins à leur jeunesse que leur âge mûr; celle
d'Alexandre fut marquée par des goûts simples.
Cependant, lors des premières années de son
règne, il éprouvait le besoin du délassement de

la grandeur et des distractions de la société. Il
aimait beaucoup le théâtre Français, et même
nos acteurs ; il les traitait avec une bienveillance dont ils abusèrent quelquefois par une familiarité de mauvais goût, qui aurait choqué un
monarque moins bon et moins indulgent que lui.
Un jour, rencontrant un de ces Messieurs, il
lui demanda des nouvelles de sa femme ; celui-ci
répondit : « Elle se porte très-bien, sire, et la
vôtre, comment va-t-elle ? » Il faut croire que
c'était un jeune comédien, ayant le ton et les
manières du jour. Antérieurement à cette époque, M. Froger, excellent comique, ami de
Molé, de Fleuri et de Dugazon, avait tout
l'esprit qu'il fallait pour divertir l'empereur
sans violer les bienséances. Ce prince, le rencontrant au jardin d'Eté, lui dit gracieusement :
« Hé bien ! Froger, que devenez-vous donc ? On
ne vous voit plus. Vous me négligez beaucoup ;
cela n'est pas aimable. » M. Froger témoigna
respectueusement sa reconnaissance ; l'empereur
s'éloigna en disant : « Allons, c'est bien ; mais
venez me voir. » *Le comique* laissa faire quelques pas à sa majesté, puis, courant après elle,
il s'écria : « Pardon, sire, faites-moi la grâce

de me dire où loge maintenant votre majesté. »
Cette saillie amusa fort Alexandre, qui, dans
l'été, change souvent de résidence. La plaisanterie était de bon aloi; M. Froger ne s'en
permettait pas d'autre *.

Un soir, à la nuit tombante, l'empereur se
rendit chez une actrice française, célèbre en
Russie, et même à Paris; il devait y avoir de
la musique. Au milieu de l'escalier, mal éclairé,
Alexandre rencontre Boieldieu, qui descendait
fort vite; l'empereur lui dit à demi-voix: *Ilbon-
docani!* Ce mot adressé à l'auteur du *Calife*, était
fort plaisant dans la bouche du souverain.

Maintenant, il ne parle plus aux comédiens,
et ne les voit pas même au théâtre. Une révolution totale s'est opérée dans ses goûts et dans

* M. Froger se plaignait un jour à l'empereur du
mauvais état des finances de la troupe comique. Alexandre lui dit : « Mais mon cher Froger, vos appointemens
courent toujours. — Oui, Sire, ils courent tellement ,
que nous ne pouvons les atteindre, » répliqua Froger.
Alexandre se prit à rire ; c'était répondre qu'il ferait
droit à la requête. En effet, le lendemain, on paya
l'arriéré. Vivent les bons mots pour tout obtenir. Ils
se gravent bien plus facilement dans la mémoire des
hommes puissans que les prières les plus touchantes.

ses habitudes; depuis l'époque des grandes agitations politiques, les affections de famille, le travail particulier, celui qui se fait avec les ministres, les jouissances de la solitude; enfin, des voyages annuels de quinze à dix-huit cents lieues, sur divers points de son vaste empire, se partagent sa vie.

Son amour de l'ordre et d'une propreté recherchée se montre dans les plus petites choses. Toutes les tables, tous les bureaux sur lesquels il écrit sont d'une admirable netteté; il n'y supporterait ni le moindre désordre, ni la plus légère trace de poussière, ni le plus petit morceau de papier étranger à son travail; il nettoie et remet lui-même en place chaque chose qui lui servit. On voit sur tous ses bureaux un mouchoir de batiste plié, et dix plumes nouvellement taillées; ces plumes sont réformées, n'eussent-elles servi qu'à une signature. Le renouvellement journalier se fait à l'entreprise; *le tailleur* reçoit, pour cette fourniture, trois mille roubles par an.

Le croirait-on? toutes les fois qu'il m'arrive d'entrer dans l'un des appartemens de l'empereur, je n'envie jamais, de toute sa puissance,

que ces dix plumes, belles et nettes, qui invi-
tent à écrire, et ne donnent jamais à leur maître
les angoisses du canif. Dernièrement, on montrait
à plusieurs dames l'intérieur du château de *Ka-
méniostroff*, charmante résidence à deux pas de
la ville; l'une d'elles dit, en regardant le bureau
de sa majesté : « Je ne désire nullement que
l'empereur me jette le mouchoir, mais j'avoue
que je serais bien tentée de voler celui qui
est là. »

Ces détails sont le fruit d'un grand nombre
d'observations; il n'est pas facile de réduire les
souverains aux proportions de la vie privée, lorsqu'ils mènent une existence presque toute intérieure et s'affranchissent des pompes de la puissance. Le peintre a bien de la peine à saisir la
ressemblance quand le modèle lui échappe sans
cesse *.

---

* Je suis resté huit jours sous le toit hospitalier de
M. le comte Kamarowsky, aide-de-camp-général
d'Alexandre. L'habitation est située en face des jardins
impériaux. Ce séjour est un de mes plus aimables souvenirs russes ; je le range au nombre des semaines pri-
vilégiées où le tems s'écoule sans nuages comme sans
inquiétude. La famille du comte est nombreuse : trois

L'historien d'Alexandre jouira d'un champ plus large, surtout lorsqu'il le représentera à la tête d'une grande confédération européenne ; voilà, ce me semble, son plus beau titre d'illustration. Peut-être, dans un ou deux cents ans, la Russie verra-t-elle éclore du cerveau d'un Homère russe, une *Alexandriade*. Le poète trouvera plus d'étoffe dans l'Agamemnon du Nord, que le cygne de Chios n'en trouva dans le chef des Grecs. Le but des alliés modernes présentera un tout autre caractère que la revendication à main armée d'une jolie femme un peu coquette. Quant aux Achilles, ils ne manqueront d'aucun côté ; seulement, le nom-

générations passent doucement leur été dans cette jolie demeure. Depuis la grand-mère, femme douée d'une haute raison et de l'amabilité des anciens jours, jusqu'aux plus jeunes enfans, tout ce monde semble s'être donné le mot pour avoir des vertus, de l'esprit, beaucoup d'instruction et un goût très-vif pour les lettres. Rien de si touchant que le respect des enfans pour leurs parens et l'extrême tendresse de ceux-ci pour une famille qui donne tous les genres d'espérances. Cette réunion fort rare procure de vraies jouissances à l'observateur. Il y a plaisir à prendre des notes sur un pareil terrain.

bre pourra nuire à l'effet. Mais comment remplacer Jupiter et le mont Ida, Vénus et sa ceinture, Mars, et les deux ou trois arpens qu'il
couvrait de son corps? Voilà ce qui m'embarrasse, et ce qui très-probablement embarrassera
encore plus le chantre du monarque russe.

ENCORE UNE PROMENADE

A TSARSKOÉ-SÉLO.

Par ses hardis travaux, tel le plus grand des czars
Sut chez un peuple inculte acclimater les arts ;
Heureux si des méchans l'injuste frénésie
Ne vient pas en poison changer leur ambroisie,
Et si de Pierre un jour quelque heureux successeur
Sans craindre leur danger, sait goûter leur douceur.
DELILLE, *les Jardins.*

J'ai abandonné un instant les jardins de *Tsars-koë-Sélo* pour parler de leur maître, j'y reviens en toute hâte, quoiqu'il me reste peu de chose à en dire. Deux impératrices les embellirent ; mais de grandes eaux manquaient aux enchantemens de ce lieu, et alors on ne songeait point à se donner tous les avantages refusés par la nature. Catherine *le grand*, moins modérée dans ses désirs, décida que des eaux claires et abon-

dantes baigneraient son parc, et les eaux lui
obéirent. L'ingénieur général Bauer fut chargé de
cette opération ; il l'exécuta avec succès, en dépit des obstacles. A leur arrivée, les eaux se dis-
tribuèrent en ruisseaux, cascades et lacs. Tous
les lits préparés par l'architecte Busch se trouvèrent remplis ; l'abondance était si grande,
qu'il fut possible d'être généreux pour les voisins : ce riche emprunt fut fait à M. *Démidoff*,
qui possède dans les environs une magnifique
campagne, arrosée des plus belles eaux. Ainsi,
ce particulier, dans un moment d'humeur contre la cour, pourrait la mettre à sec, et priver
l'ombrage royal de son plus grand charme ; c'est
ce qui fit dire un jour à l'impératrice régnante :
« Savez-vous bien que M. Démidoff est un
homme à ménager, il ne tiendrait qu'à lui de
nous faire mourir de soif et d'ennui? »

L'auteur d'une description très-étendue des
objets remarquables de Pétersbourg et de ses
environs, fait le rapprochement d'une pièce
d'eau de Tsarskoë-Sélo avec le lac *Ontario ;*
cette flatterie me paraît un peu large!

J'aime beaucoup à rencontrer les vieux militaires auxquels l'empereur donne *les invalides*

dans ses jardins ; transplantés du champ de bataille au milieu de cette délicieuse retraite, ces
Cincinnatus modernes s'étonnent encore du silence et de la paix qui règnent autour d'eux. La
surveillance du parc leur est confiée, et cette
garde n'a rien de pénible ; car jamais, je crois,
une main profane ne s'avisa de toucher ni les
fruits, ni les fleurs. Bien logés dans une petite
caserne champêtre, bien nourris et bien aimés
de leur maître, couverts de blessures et d'hono-
rables médailles, riches de beaux souvenirs, ces
guerriers pourraient se croire en paradis, si de
tems en tems des douleurs martiales ne venaient
les avertir qu'il en existe un autre très-supérieur à ceux créés par les rois.

Dans un bâtiment placé au milieu d'un jardin auquel on laissa *le genre français*, j'ai vu la
fameuse table de *l'Olympe*, où, par l'effet d'un
ingénieux mécanisme, les mets et tous les accessoires du service s'élèvent de dessous le
plancher. Point de domestiques, point de témoins importuns ne gênent la gaîté des dieux,
quand ils en ont ; des chefs d'office, placés dans
l'étage inférieur, obéissent aux goûts et même
aux caprices ; tout est prévu, jusqu'aux exi-

gences du plus raffiné gastronome. On écrit un
billet, et on le pose sur son assiette, le messager s'abîme, et, aussi prompte que l'éclair, la
chose demandée remonte vers l'écrivain. Un
jour, une charmante princesse allemande, qu'on
défiait de faire un appel sans succès, eut la malice d'embarrasser les lutins invisibles, en écrivant cette note : « *Douze épingles noires à fri-
ser.* » Tout le monde éclata de rire en voyant
remonter les épingles.

J'ai visité les *lamas* donnés à l'empereur par
le vice-roi du Mexique : sur neuf, il en est mort
cinq, mais les quatre survivans en ont produit
dix autres. *Ces enfans* n'ont pas, à beaucoup
près, la beauté de leurs parens, dont la taille
est celle des biches; ils ont l'œil beau et le regard fier, leurs robes sont variées; l'un d'eux
est blanc, tacheté de noir; ils n'ont point de
cornes. La charge ordinaire du lama est de quatre pouds (deux cent quarante livres). L'une de
ces jolies bêtes porte encore sur son dos la trace
du riche bagage qui lui était confié. Ces lamas,
pris dans les *Cordillières*, soutiennent assez bien
le froid russe.

Je ne peindrai point tous les objets qui éveillent la curiosité du voyageur : on peut devenir terriblement lourd et ennuyeux en voulant faire partager son admiration ; ainsi, pour éviter cet écueil, le plus redoutable de tous, je nommerai seulement la salle de concert, bâtie au milieu des eaux. J'effleure la multitude d'oiseaux étrangers qui réjouissent le lac, et je passe rapidement sur les ponts de granit qui lient les paysages ; je m'arrête à peine devant les trois bâtimens gothiques de l'Amirauté, autour de laquelle mouille une petite flotte campagnarde, composée d'élégants yacts, et de canots dorés et pavoisés. Je ne veux qu'indiquer le grand bassin de marbre, et la pyramide au pied de laquelle reposent les trois levrettes favorites de Catherine, immortalisées par les vers de M. le comte de Ségur, gravés sur la pierre qui les couvre.

Je nommerai aussi les bains hospitaliers, défrayés par la cour, et dont tout le monde use librement ; le palais d'Alexandre et sa superbe colonnade, construite par Quaringhi ; le parc qui l'entoure, et les riches campagnes de Colpino et de Slavianska que l'on découvre de la plate-forme du palais.

Un attrait particulier m'appelle vers cette jeune fille assise sur un bloc de granit, et pleurant amèrement sa cruche brisée, d'où jaillit une eau limpide. Si son désespoir n'a pas d'autre cause, on voudrait jouir du privilége de Pygmalion pour la consoler et lui rendre beaucoup plus qu'elle n'a perdu ; c'est un petit chef-d'œuvre de sculpture que cette jeune fille au pot cassé.

Je ne dirai rien de l'intérieur du château, pour bien des raisons, dont la plus concluante est que je ne l'ai pas vu. Il n'existe aucune affectation dans cette indifférence ; un voyageur doit beaucoup voir, c'est son métier, mais les jardins sont si beaux, que, remettant d'heure en heure, j'ai manqué vingt fois l'occasion d'entrer dans le sanctuaire : les appartemens renferment d'ailleurs ce qu'on admire partout, à l'exception de la salle d'ambre, très-digne de fixer la curiosité. Il y a un an, lorsque le feu dévora une partie de l'aile gauche du palais, il s'arrêta fort poliment à la porte de cette salle. L'incendie fut causé, comme beaucoup d'autres, par la négligence des plombiers ; le feu prit à la toiture. On estime la perte à deux ou trois millions ,

mais les souverains sont toujours *assurés* *.
La résurrection du phénix n'est pas plus brill-
lante que ne l'a été celle de l'aile gauche dont
je parle, elle offre plus de magnificence qu'avant
l'incendie ; la chapelle resplendit d'or, d'argent
et de pierreries. Le principal escalier du nouveau
bâtiment est admirable, les marches, la rampe,
les paliers sont de fer fondu à dessins lozangés.
Un Russe, frappé de la magie de ces réparations,
disait froidement : « C'est dommage que le feu
n'ait pas consumé tout le palais, il serait re-
construit d'après un plan très-supérieur à celui de *Rastrély ;* nous n'aurions pas payé plus

---

* Le service des pompes manqua ; il ne s'en trouva
que deux et en mauvais état. L'empereur en fit demander quatre à Pétersbourg, en s'excusant sur ce déplacement qui pouvait nuire au service. Lorsque S. M. quitta
Tsarskoë-Sélo, elle fut témoin de l'incendie des casernes
du régiment d'Ismaïloff ; c'était beaucoup dans un seul
jour. L'empereur dit : « Puisque deux événemens de ce
genre devaient arriver, j'aime mieux qu'ils pèsent sur
la couronne que sur le plus riche de mes sujets. » Il y
a dans ces mots une admirable bonté. Trois jours après,
le feu prit encore dans une maison dépendante de la
résidence impériale de Péterhoff, mais heureusement
isolée du château. On peut dire que cette semaine fut
brûlante.

d'impôts, et l'empereur serait mieux logé. »

J'ai souvent rencontré de ces Erostrates amateurs, qui sans malice, forment les souhaits les
plus incestueux dans un pur amour de l'art. A
Paris, je connais un original qui me disait :
« Quel malheur, que deux fois de suite, en
1814 et 1815, Paris ait laissé échapper la plus
belle occasion de se faire brûler! cette chance
ne se présentera plus. — Comment donc, Monsieur, mais voilà le regret le plus inhumain qu'on
puisse faire. — Non, Monsieur, j'ai tout autant
d'humanité que vous, grâce au ciel! mais j'ai
plus de goût pour les arts, rien ne me charme-
rait comme de voir notre Paris ce qu'il devrait
être, une grande et belle capitale, régulière-
ment bâtie. Vous vous exagérez beaucoup trop
ce désagrément momentané, il n'y a point de mal
irréparable en France; au moment où je vous
parle, cette reine du monde serait debout, avec
de belles rues bien alignées, avec de beaux trot-
toirs, chose inappréciable. Le feu, meilleur
architecte qu'on ne pense, nous aurait fait justice des rues *Tirechape, Tire-Boudin, Trousse-
Vache, Quincampoix*, etc., etc., tous quartiers
aussi ignobles que leurs noms, et qui déshono-

rent Paris. — Mais, Monsieur, songez-donc. — Oui, Monsieur, j'ai songé à tout, et je dis, périssent les barraques, mais que le beau et les arts triomphent! » Il ne fut pas possible de convertir mon brûleur : « Vous avez, lui dis-je, un patriotisme beaucoup trop ardent; j'aime mon pays avec moins de symétrie. »

La ville de Sainte-Sophie, fondée par Catherine, a été abandonnée; il ne reste que quelques bâtimens de la couronne, et l'église, construite sur le modèle de la Sainte-Sophie de Constantinople. La ville de Tsarskoë-Sélo, placée sur la gauche du Palais, est dans une exposition plus favorable; son accroissement de population l'a fait ériger en chef lieu de district. Après l'arcade qui unit au lycée l'aile gauche du château, la grande route se prolonge entre le canal et la balustrade fermant le parc; plusieurs belles maisons de la couronne bordent la partie gauche; on y voit de grandes serres, un manége nouvellement construit, etc, etc.

Les rues de cette ville moderne sont bien percées, chacune d'elles laisse entrevoir de beaux échappés de vue, et un long horizon; enfin, parvenu à la maison de campagne du comte Kotchoubée, on découvre une plaine sans limites et la grande route de Moscou, qui se déroule comme un ruban blanc au milieu d'immenses prairies. Tsarskoë-Sélo est abrité des vents de mer par les montagnes de Poulkova et de Doudéroth.

En Russie, on peut se procurer une maison de campagne au marché, et s'y établir du jour au lendemain. Ces maisons se vendent toutes faites; chaque pièce de bois est soigneusement étiquetée et numérotée; l'acheteur arrive avec des chariots sur lesquels on transporte le bâtiment jusqu'à sa destination. Dès le lendemain, l'édifice s'élève, et, le soir, il peut recevoir son nouveau maître, sans que celui-ci ait rien à démêler avec le maçon ni le plâtrier. Dans une de mes promenades, j'ai entendu la conversation suivante. « Avez-vous loué une campagne? — Non, madame, pas encore. — Prenez vos précautions, elles seront très-rares cette année. — Eh bien! si je n'en trouve point, j'en ferai faire une. — Vous riez? — Non, je parle sérieusement, ma sœur compte habiter au mois de juin une maison qui n'est pas encore commencée. »

Le prince A. K*** est parti dernièrement
pour ses terres; quarante-cinq chariots l'avaient
précédé, et neuf voitures de suite l'escortaient:
ceci donne l'idée du faste royal et oriental que
conservent encore quelques princes russes.

— N° XLIV. —

TOUT POUR L'ÉPAULETTE.

—

Donnons moins au dieu Mars, un peu plus à Thémis.

Anonyme.

Le prince Jean aime son pays plutôt avec sagesse qu'avec enthousiasme ; comme un amant qui adore sa maîtresse sans se faire illusion sur ses défauts. Cette impartialité donne beaucoup de piquant à ses observations, dont je fais mon profit, et je m'en trouve bien.

J'allai le visiter dernièrement dans sa bibliothèque, qu'il aime avec passion ; car il a des livres pour les lire, lorsque tant de gens se contentent de les acheter pour en avoir. Contre l'usage d'une foule de ses compatriotes, il reste chez lui toute la matinée ; sa vie extérieure ne commence qu'à cinq heures du soir. « Eh bien !

me dit-il, je sais que vous avez vu beaucoup de choses ces jours-ci! — Oui, mon prince, j'ai été tout guerrier depuis ma dernière visite. J'ai examiné avac le plus grand détail les établissemens consacrés à la jeunesse militaire. Le premier et le second corps des Cadets, les Ecoles des mines, du génie et de l'artillerie; le Lycée de *Tsarskoë-Sélo*, la pension qui lui sert de succursale, et où la jeunesse est soumise aux mêmes règles et au même mode d'enseignement; j'ai vu aussi l'Hôtel-des-Pages *. Toutes ces écoles sont parfaitement tenues; il y règne un air d'ordre, de propreté et de discipline. Si les études répondent à ces brillantes apparences, vous ne pouvez rien envier aux sociétés qui vous devancèrent dans la civilisation. J'ai vu encore l'Institut des voies de communications, formé sur celui de notre Ecole polytechnique; j'ai même assisté à ses exercices; je vous avoue, mon

---

* Cet hôtel renferme cent cinquante pages qui, à la fin de leur éducation, entrent en qualité d'officiers dans les régimens de l'armée, à l'exception des pages de la chambre. Ceux-ci jouissent de la prérogative d'être nommés officiers des gardes, sans faire le circuit de l'armée.

prince, que je suis dans le ravissement. Tout cela est conçu sur une grande échelle, rien n'est épargné dans ces vastes pépinières de héros ; enfin il faut voir cet empire pour se faire une juste idée de sa puissance, et de ses progrès dans toutes les branches de l'esprit humain.

» — Hélas ! je le vois ; vous vous passionnez comme tous les voyageurs qui, louant une voiture pour expédier trois ou quatre établissemens dans un seul jour, s'extasient à la vue d'un réfectoire bien balayé, de trois ou quatre cents jeunes gens qui mangent avec appétit, et de grands dortoirs très-aérés ; tout cela prouve que les écoliers font leurs quatre repas, et dorment depuis neuf heures du soir jusqu'à cinq heures du matin. Mais il faut se défier de ces examens faits en courant la poste, particulièrement dans une ville imposante de jeunesse et de beauté ; où les écoles et même les casernes sont des palais ; où tout est créé largement. L'ensemble est admirable et l'écorce vous éblouit. C'est naturel, mais la sève qui coule dessous vivifie-t-elle cet arbre gigantesque ; étend-elle son influence jusqu'aux extrémités de ses innombrables rameaux ? Voilà la question pour qui veut soulever le voile. Tous ces établissemens! comment sont-ils dirigés? Je voudrais que, connaissant parfaitement notre langue, vous fussiez en état d'assister aux classes; c'est alors que vous apprécieriez la médiocrité, et je dirai même l'ignorance, d'une grande partie des professeurs. Au bout du compte, je sais fort bien qu'il résulte de ces éducations, des officiers pour toutes les armes; mais est-ce donc tout que des officiers? Ne faudrait-il pas songer à faire des hommes? Grâce au ciel, la guerre a de longs repos; les journées où l'on tue, et où l'on se fait tuer, sont assez rares. Le reste du tems, ne serait-il pas à propos d'apprendre comment on devient bon père, bon époux, bon citoyen, bon magistrat et bon chrétien. On a beau dire, cette science-là ne vient pas toute seule; comment acquérir les vertus attachées à tant de titres, si, avec la prétention de tout vous apprendre, les études ne se dirigent bien réellement que vers un but unique, la guerre? Comment la littérature, la morale et la religion pourraient-elles se faire jour à travers les exercices, les manœuvres, enfin tous les jeux guerriers dont on encombre nos écoles militaires? Nous portons la peine du péché, et ces lacunes dans l'éducation sont plus sensibles chez nous que partout ailleurs. Depuis la mort de Catherine, nos souverains n'encouragent sérieusement que la carrière militaire; dans le fait, nous n'en connaissons pas d'autre; nous devons tous y entrer sous peine de déconsidération et de défaveur. Aussi est-ce la pensée dominante dans les familles; les esprits y sont tellement façonnés que l'épaulette est le rêve de l'enfance, le point de mire des adolescens et le délire de la jeunesse. Si vous demandiez à une mère ce qu'elle compte faire de ses enfans, elle vous rirait au nez. Votre question serait souverainement ridicule, car on ne peut élever un doute à cet égard. Aussi voyons-nous des bambins de cinq à six ans avec le schaco, la giberne et tous les attributs de leur infaillible avenir. De là, inaptitude complète à tous les états, à toutes les fonctions qui sortent du cercle militaire : voilà une de nos plaies, et la plus déplorable des erreurs. Admirez, je vous prie, l'inconséquence de notre gouvernement. Ces mêmes officiers, dont le sabre absorba la jeunesse, composent nos tribunaux de première et seconde instance, et les officiers supérieurs forment le

corps suprême de judicature, qui est le sénat ;
voilà les retraites données aux militaires. Quels
élémens portent-ils dans la discussion d'un procès civil ou criminel? aucun. Supposez un instant que vos vieux lieutenans-généraux soient
nommés juges de la cour de cassation et de vos
cours royales, quel fléau pour les plaideurs !
que d'injustices dans la justice ! Les intentions
seraient certainement excellentes ; mais l'ignorance aurait son cours. Cette supposition vous
suffoque, n'est-ce pas? Eh bien ! en Russie,
c'est une réalité, et nous ne pourrions faire autrement, puisque, pour tous, le point de mire
est l'inévitable épaulette.

» Il n'en serait pas de même si on avait su
faire la part de chaque chose ; si la sagesse des
monarques eût appelé une partie de la noblesse
aux fonctions de haute magistrature, en faisant ouvrir des écoles spéciales pour les jeunes
gens qui, par l'attrait d'une vie plus calme, mais
honorable, se seraient désabusés du plumet et
demi-tour à droite.

» On porte jusqu'à la niaiserie les exigences
de la discipline. Vous voyez nos salons peuplés
d'officiers avec l'uniforme ; il leur est absolument

défendu de paraître sous l'habit civil, sans exception de ceux qui ne sont point de service. Bien plus, dans une maison de campagne à cent werstes de la capitale, si on joue la comédie de société, MM. les officiers sont privés de prendre part à cette innocente distraction, par l'impossibilité de quitter l'uniforme seulement quelques heures; je m'étonne qu'on ne les force pas à coucher avec *.

» On fatigue ces pauvres jeunes gens par la fréquence et l'interminable longueur des évolutions. Ils reviennent de là excédés, et les besoins

---

* Beaucoup d'officiers, au moment où ils obtiennent leur démission ou le permis de voyager, quittent avec transport l'éternel uniforme pour endosser le frac. Je ne sais s'ils abandonneraient avec plus de jubilation une prison d'état. Je fus témoin d'une de ces métamorphoses : l'émancipé était aux anges. Je ne puis comparer sa satisfaction qu'à celle de M. Ravez retrouvant les doux loisirs de la campagne après une session longue et orageuse. Dernièrement, un Bordelais me disait : « Figurez-vous que dans l'*interim* des chambres, les fauteuils, les sonnettes et les verres d'eau sucrée sont proscrits chez M. Ravez. » Cette plaisanterie pourrait bien être un peu gasconne, mais je conçois que ce célèbre président aime à se reposer du fauteuil et de ses accessoires.

physiques remplissent les courts instans qui leur restent. Adieu donc les délassemens de l'esprit! adieu la lecture et la société! Tout cela ne peut trouver place au milieu d'occupations si compliquées. En rentrant chez eux, ils ne pensent qu'à s'étendre sur un canapé, à dormir et à se faire donner quelques bons restaurans. J'en ai vu prêts à expirer de lassitude.

» Mais la science des manœuvres fait, me direz-vous, son profit de cette contrainte habituelle? En vérité, je ne le pense pas; on blase également le soldat et l'officier; il existe un degré de perfection au delà duquel vient le superflu, surtout dans l'infanterie. Il suffirait de tenir ces régimens en haleine, et pour cela il n'est point nécessaire de les clouer chaque jour, durant plusieurs heures, dans une salle d'exercices. Si c'est un passe-tems pour les officiers supérieurs, c'est un jeu bien cruel pour les rangs qu'ils commandent.

» Dans ce cher pays, nous avons l'habitude de tout porter à l'extrême. La valeur brillante des Russes pourrait s'affranchir de cet éternel apprentissage, qui manque son but en le dépassant. Dans les longues guerres que nous eûmes à soutenir, et qui ne s'alimentaient que par un nombre considérable de recrues, six semaines nous suffisaient pour improviser un fantassin, et le rendre apte aux combats. L'agilité et la souplesse de nos paysans ont opéré des prodiges dans ce genre. En votre qualité de Français, vous comprenez ces prodiges. Vos conscrits de l'année ne furent-ils pas héroïques, et en remontant à vos premières guerres de la révolution, lorsque quatorze armées terrestres ou navales, formaient une ceinture de feu et de fer autour de la France, les citoyens enrégimentés ne surent-ils point défendre le territoire, et le préserver des douleurs de l'invasion? Cependant. cette multitude de soldats tout neufs était commandée par des officiers novices.

» Ici, quel que soit le lieu où vous dirigez vos pas, vous retrouvez le système militaire; il filtre partout et dans tout. Au tribunal, ce sont d'anciens officiers qui jugent; à l'église, ce sont de vieux soldats qui servent la messe, et remplissent les fonctions de bedeaux, de sacristains, avec l'habit militaire. On a emplumé jusqu'à notre administration des ponts-et-chaussées; un ingénieur fait exécuter un pont et ali-

gner une grande route avec les épaulettes de major et de colonel. Enfin je ne connais guère que
nos prêtres qui échappent au plumet; hors de
là, toujours l'image de la guerre; on en est af-
fadi. Pourquoi tout accorder à une seule carrière aux dépens des autres? pourquoi fermer
celles qui pourraient s'ouvrir à l'ambition des
hautes classes? C'est rendre une nation station-
naire; c'est la frapper d'immobilité; enfin c'est
glacer son génie et son dévouement. Voyez les
Romains, quelles éducations! Chez eux, il fallait être à la fois orateur, légiste et guerrier;
il le fallait sous peine de honte et de nullité. En
descendant du char triomphal, ces mêmes
hommes reprenaient la questure, le pontificat
ou la robe sénatoriale. Pensez-vous qu'avec le
seul art de bien tuer, ils eussent soumis le monde?
Non certes; et le plus beau côté de leur gloire,
n'est pas dans leurs trophées militaires.

» Les conséquences de ce système d'exclusion que je déplore se pressent en foule. Depuis
cinquante ans, nos tribunaux n'ont pas fait un
pas, toujours des plaidoiries à huit-clos, et des
procès qui s'éternisent jusqu'à la troisième ou
quatrième génération. Nos juges n'ont pas plus

de considération que d'appointemens. Ces derniers sont si misérables que les magistrats ne peuvent vivre *sans faire cvec le ciel des accommodemens.* D'un bout de l'empire à l'autre, il n'existe pas un seul membre de la noblesse qui étudie la législation. En Angleterre, chaque grande famille dévoue l'un de ses fils à cette précieuse étude ; et ce fils devient le conseiller et le défenseur de tous les siens ; tandis que l'ignorance profonde où on nous laisse de la science des affaires, nous met à la merci de nos intendans et de prétendus avocats.

» L'étude de la diplomatie n'est pas moins négligée ; on la commence tard , parce qu'on veut être officier avant de l'entreprendre : c'est l'échelon de rigueur. N'est-il pas mortifiant pour nous de voir toutes nos grandes ambassades occupées par des étrangers ? Pourquoi ces emprunts faits à la Hollande, à la Corse, à la France, à la Suisse, etc., etc. Le pays est-il donc si dépourvu d'hommes de mérite ? Faut-il confier aux seuls étrangers l'honneur de représenter nos souverains ; et ne sont-ce pas des Russes qui devraient soutenir les intérêts et la gloire des Russes ? La manie des armes est encore un obstacle à cette convenance nationale et politique; tel homme qui ferait parfaitement les affaires de l'empereur dans une *ambassade*, commande une division ou un corps d'armée. C'est l'uniforme qui ferme également à la noblesse la carrière des hautes fonctions ecclésiastiques. Pourquoi ne pas imiter la France, l'Italie, l'Espagne et l'Allemagne; pourquoi nous frapper d'exclusion dans le saint-ministère des autels? Depuis la tribu de Lévi jusqu'à nos jours, les premières classes de l'état se montrèrent partout jalouses de coopérer aux fonctions du culte. Par une bizarre exception, la seule nation russe abandonne les archevêchés, les évêchés et les prieurés des grands monastères, aux classes obscures. C'est nuire à la considération du clergé et aux splendeurs de la religion. Le gouvernement put craindre autrefois l'influence des grands s'ils étaient appelés aux hautes charges de l'Eglise; mais cette crainte n'est qu'un vieux préjugé dont les causes n'existent plus.

» Je suis fâché, continua le prince Jean, de vous enlever quelques illusions sur mon pays que j'aime et que je sers de toute mon ame; mais je vous parle en vrai patriote. Pierre-le-

Grand mit tout en œuvre pour faire de nous une
puissance redoutable sur terre et sur mer; nos
souverains suivirent peut-être trop servilement
la route tracée par ce fondateur d'un grand empire. Puisque nous sommes parvenus à mettre sur pied cinq cent mille soldats, bien exercés
et bien disciplinés, il est plus que tems de soigner les autres branches de l'administration publique, et tout ce qui constitue la véritable
grandeur d'un peuple. Nous sommes guerriers,
c'est incontestable; mais nous ne sommes ni
magistrats, ni jurisconsultes, ni armateurs, ni
hommes d'église, ni financiers. Hors des champs
de bataille et des revues, nous restons inhabiles
et sans chaleur, sans amour du bien public. Si rien
ne change un système en opposition avec celui de
toute l'Europe, malgré tout notre esprit, notre
aptitude naturelle et notre orgueil national, nous
resterons une nation incomplète; la suprématie
des armes étouffera chez nous le génie de toutes
les autres professions. »

ÉDUCATION DES FEMMES.

> Il faut cultiver dans les jeunes filles tous les germes de l'esprit et de la raison, mais ce doit être avec mesure, car ce genre d'éducation peut avoir ses abus ; et, quand La Rochefoucault a dit que l'éducation ordinaire des jeunes gens est un amour-propre de plus qu'on leur donne, je crois qu'il a voulu parler des femmes.
>
> D. M.

L'ÉDUCATION est extrêmement soignée en Russie, peut-être trop : il ne faut rien outrer ; le désir d'obtenir des prodiges peut nous écarter du but qu'on se propose.

Les petites filles apprennent d'abord le français, l'allemand, l'anglais et l'italien : ces quatre langues sont le fondement obligé de l'édifice. Puis vient l'histoire, la géographie, la chronologie, l'arithmétique, les règles de la poésie, la musique vocale et instrumentale, le dessin, la peinture, la déclamation et la danse ; une leçon n'attend pas l'autre ; sauf les heures de repas et quelques promenades durant l'été, ces jeunes victimes de la perfection moderne travaillent depuis six heures du matin jusqu'au moment du coucher. Je me trouvai un soir chez Mme de C*** ; elle n'a qu'une fille ; je l'entendis solfier dans un salon voisin ; je m'étonnai qu'elle prît une leçon si tard : « Que voulez-vous ? me dit sa maman, la journée est remplie par des études moins frivoles. » Quelques instans après, cette charmante enfant vint baiser la main de sa mère et prendre congé d'elle ; son joli visage était pâle et avait un air de tristesse qui contrastait péniblement avec ses quinze ans : son martyre ne finira qu'à dix-sept ; c'est alors qu'on renvoie tous les maîtres.

Mais, me dira-t-on, ce système d'éducation doit fournir au moins, chaque année, une foule de femmes remarquables par les talens, l'instruction et l'amour des plaisirs de l'esprit ; cela devrait être, et cela est pourtant très-rare. Comme on a trop exigé, il résulte de cette application soutenue, une lassitude qui dégénère en dégoût pour les lettres, les arts, et toute occupation sérieuse. Au milieu de tant d'études diverses, on effleure tout sans rien approfondir : le jour où le repos succède à cet enseignement si compliqué, on oublie les leçons ; en s'émancipant des maîtres, on se délecte dans le plaisir de ne plus étudier ; on tombe d'un excès dans l'autre ; on se venge d'avoir trop fait par la triste jouissance de ne plus rien faire ; enfin, malgré les efforts des parens et leurs dépenses excessives, on compte les femmes distinguées par leur instruction et leurs talens ; cependant, la plupart d'elles sont nées avec de l'esprit et beaucoup d'intelligence, il est donc permis de croire que le mode d'éducation généralement adopté nuit à leurs dispositions naturelles.

Après la partie poétique de l'éducation féminine, je dois parler de l'économie domestique, science tout-à-fait indispensable pour les femmes. L'Italie exceptée, je ne crois pas qu'il y ait une seule contrée de l'Europe où l'art de gouverner sa maison soit plus parfaitement ignoré qu'ici ; les mères de famille montrent à cet égard une insouciance très-excusable, puisqu'elles ne peuvent apprendre à leurs filles ce qu'on ne leur apprit point à elles-mêmes.

J'oserai le dire, cette lacune dans l'éducation contribue beaucoup à rendre les mariages plus difficiles. Presque tous les jeunes gens étant au service, ils y regardent à deux fois pour ajouter aux charges militaires les ennuis de la direction d'un ménage; c'est quelque chose d'insoutenable après les fatigues des manœuvres. En Allemagne, en Angleterre et en France, la plupart des femmes daignent régler la dépense, connaissent le prix de tout, commandent leur dîner, paient les gens, surveillent la lingerie, et distribuent l'ouvrage qui doit se faire. Ces occupations rentrent essentiellement dans les devoirs de leur sexe : que faire au logis d'une femme qui ne sait que dépenser, danser, jouer, monter en voiture, s'habiller et se déshabiller ?

Je dinais récemment chez une famille composée du père et de la mère, de cinq filles et de deux jeunes gens; tout ce monde-là possède cent mille francs de rente. L'aînée des demoiselles se marie dans quinze jours; nous parlions avec intérêt de son avenir. Une excessive franchise de caractère, que l'âge n'a pas modifiée, me fait faire quelquefois des balourdises dans le monde; je m'avise, par exemple, d'adresser des

questions dont le résultat est de causer du malaise à la personne interrogée, c'est ce qui m'arriva avec Mme D*** : « Je suis bien sûre, lui
dis-je, que Mlle Sophie joint aux grâces qui
la distinguent tout le savoir-faire d'une bonne
maîtresse de maison? — Mais oui, je crois que
ma fille fera très-bien les honneurs du salon. —
Madame, ce n'est pas seulement cela que je
veux dire; Mlle Sophie sera-t-elle ce que nous
appelons prosaïquement une bonne ménagère?
— Ni bonne, ni mauvaise; nous ne sommes
point dans l'usage de nous occuper de ces détails, c'est l'affaire de l'intendant. — Quoi!
mademoiselle votre fille ignore?..... — Tout,
jusqu'au prix des souliers qui sont à ses pieds;
je n'en sais pas beaucoup plus qu'elle, et je n'en
vois guère la nécessité; l'intendant paie, ensuite les comptes vont chez le général. » C'est
très-agréable pour le général, dis-je en moi-
même. Dans cet instant le promis venait faire
sa cour; il avait une figure charmée, et moi
je le plaignais du fond de l'ame.

Sauf quelques chances particulières, les filles
n'ont droit qu'au quatorzième de la fortune;
cependant, celles dont je parle jouissent du

luxe de la maison paternelle, elles en ont pris
les habitudes; elles ne conçoivent seulement pas
qu'on puisse vivre sans un nombreux domestique, aller en voiture sans les quatre chevaux,
et se présenter à deux bals avec la même robe.
Pour tout cela, l'épouseur n'a que vingt mille
roubles de rente, les sept ou huit mille que lui
portera M{{lle}} Sophie ne suffiront pas même à sa
dépense personnelle. Le mari ne voudra point
que sa femme se trouve moins bien chez lui
qu'elle n'était chez sa mère; comment tout
cela s'arrangera-t-il? voilà ce qui m'embarrasse.
L'ordre et une économie bien entendue sauve-
ront-ils cette barque des orages? quand on
n'a qu'un intendant pour pilote, on court grand
risque de chavirer. Je me livrais à ces pensées
tant soit peu sérieuses, au bruit sourd des propos amoureux que s'adressaient les amans; mais
je ne dis plus rien, ne voulant pas me fourvoyer deux fois dans la même soirée. Les avis
sont superflus sur une terre étrangère: comment
triompher des traditions de famille? *C'est l'u-
sage !!!* ce mot est une barrière d'airain qui
protége la routine contre les invasions bienfaisantes; d'ailleurs, chaque mère de famille se

croit un phénix en fait d'éducation. Malheur à l'ami sincère qui voudrait combattre ces aveuglemens maternels! il ne gagnerait qu'une chose, ce serait d'indisposer très-gratuitement les aveugles!

Ce dédain, presque universel pour un des premiers élémens du bonheur domestique, n'est-il pas une des grandes folies de ce monde? Je n'irai point chercher des autorités en remontant aux filles d'Alcinoüs où à l'intérieur du palais de Charlemagne, puisqu'un grand siècle s'est posé devant nous pour offrir des modèles dans tous les genres. Jamais à aucune époque les femmes ne furent plus honorées, ni plus séduisantes ni mieux aimées, que sous ce beau règne. Pourquoi? c'est qu'à l'élégance des manières, au charme du ton et de la politesse, elles savaient unir le strict accomplissement de leurs devoirs comme maîtresses de maison; elles ne trouvaient point qu'il fût de bon goût de vivre en odalisques : les deux sexes avaient alors un juste sentiment de l'honneur et de la vraie gloire. Voyez comme Mme de Sévigné gourmande sa fille au milieu de toutes ses tendresses : « Je vous en conjure, lui dit-elle, mettez-vous à la tête de

votre maison, réglez-y tout selon la justice et le
bon ordre, le repos de votre vie y est attaché ;
quand vous serez abîmée, vous ne vous relè-
verez plus, il n'y a point de bonheur avec des
affaires embrouillées, point de richesses avec le
désordre, etc. » Et cent fois dans ses lettres
elle revient sur cette idée ; elle raille la vanité et
les goûts de dépense de M. son gendre, elle
s'épouvante des suites amères qu'amènera leur
train de maison, et l'on voit clairement par sa
correspondance, que le comte de Grignan, vivant dans la somptuosité, fut toujours aux ex-
pédiens, et ne connut jamais ni l'aisance, ni le
repos.

Mme de Sévigné, si tendre, si passionnée dans
son amour maternel, sacrifiait souvent le plaisir
d'aller voir sa fille, au besoin d'économiser et
d'arranger ses affaires. Elle quittait ses amis
(et quels amis !) pour aller s'enfouir, des années
entières, sous les châtaigniers bretons. « Je vais
m'amuser à payer mes dettes, et à manger mes
provisions, disait-elle. » Cette femme, la plus
illustre et la plus gracieuse de son sexe, n'hé-
sita jamais devant l'idée de remplir un devoir.
Ce genre de courage était si commun, qu'on ne

s'avisait pas même de le louer. Les plus grandes dames allaient dans leurs terres, où la sagesse de leur administration relevait les brèches faites aux fortunes par le service militaire. Pendant que les maris et les fils se battaient, les femmes amélioraient les biens, créaient de belles avenues, et préparaient quelques douces surprises champêtres pour le retour du châtelain. Souvent les plus grands seigneurs se retiraient dans leurs villages pendant quelques années, et la dot d'une fille était le fruit de ce sacrifice. Une mère de famille ne disait point : « Il m'est impossible d'aller dans mes terres, parce que ce serait un meurtre d'éloigner mes enfans de leurs maîtres. » Ce qu'il faut traduire ainsi : « Je déteste la campagne, et je ne puis vivre qu'à Paris. » Car ne croyez pas que la maternité n'ait point quelquefois son petit charlatanisme et son grain de personnalité. Regrettons le tems où une mère se croyait assez de savoir pour élever sa fille, et pour en faire une femme aimable et *essentielle*; *les cachets maternels* ne sont pas ruineux. Qu'avons-nous gagné aux éducations si brillantes dont les résultats sont presque toujours si modestes? Puisque nous voulons tout perfectionner,

ne serait-il pas tems de fixer les obligations res-
pectives? Nous avons pour notre lot la guerre,
les charges publiques, le soin de faire venir
l'eau au moulin. Quelle sera la part de ces dames? A quoi Dieu les destina-t-il? Sont-elles
uniquement chargées du soin de nous distraire
et de continuer notre lignée? Dans nos mœurs,
cette pensée serait humiliante pour un sexe qui
vaut au moins le nôtre, et auquel nous devons
tout le charme de notre existence.

J'avoue que j'entends l'éducation des jeunes
filles d'une manière un peu brutale; je n'ai point
oublié mon Molière, ni sa philosophie bourgeoise. Je veux que nos femmes sachent, au
besoin, raccommoder *un haut de chausse*, et
faire des reprises à nos jabots; qu'elles n'ignorent point de quoi se compose le dîner, ni la
valeur des bons morceaux qui paraissent sur
la table; je veux qu'elles soient instruites de tout
ce qui se passe chez elles, et qu'elles sachent
tenir le gouvernail d'une main ferme et habile.
Ni la richesse, ni l'élévation du rang ne peut les
affranchir de cette surveillance; plus la fortune
est considérable, plus il faut savoir en diriger
l'emploi. Vingt argus gagés sont moins clair-

voyans que l'œil de la maîtresse : c'est méconnaître ses devoirs que de se mettre à la merci
des friponneries domestiques. Ne supprimons ni
les bonnes lettres, ni les talens agréables, ce
serait désenchanter la vie; mais sachons en user
sobrement; plaçons toujours l'indispensable en
première ligne. Une jeune personne, instruite
de bonne heure par la tendresse éclairée de sa
mère au commandement d'un ménage, n'é-
prouve, en se mariant, ni hésitation, ni embarras; elle joue avec son petit empire; elle
sait doubler les revenus de la famille, par son
esprit d'ordre et d'économie, puissance mira-
culeuse, et seule conservatrice des fortunes.
Tout cela se fait sans empiéter sur ses goûts, ni
sur ses plaisirs. La maison la plus considérable
n'absorbe pas deux heures sur les vingt-quatre
dont se compose la journée; il en reste donc
vingt-deux pour l'étude, le monde et le sommeil. Cette part me semble assez large, elle
me ferait presque regretter de n'être qu'un
homme.

Pour appuyer mes raisonnemens d'économie
domestique, je dois citer une chose remarquable, et qui m'a beaucoup frappé. C'est en Italie

et en Russie qu'on trouve le plus de riches manquant d'aisance et de fortunes embrouillées ; c'est encore dans ces deux pays que les femmes négligent le plus les devoirs que Dieu leur impose, et dont un usage fort mal entendu laisse retomber tout le poids sur les maris.

L'ARISTARQUE.

Quand on veut dans le monde avoir quelque bonheur,
Il faut légèrement glisser sur bien des choses;
. . . .
Aux contradictions il faut s'accoutumer,
Ou, loin de tout commerce, aller se renfermer.
LA CHAUSSÉE, *Mélanide*, act. I, sc. 2.

LE prince Vladimir, que nous avons vu à Paris, chez Mme de B***, n'est point ici ce qu'il parut alors ; il n'a qu'un visage, et il a deux caractères : l'un pour les pays étrangers, l'autre pour le sien ; mais sa patrie est défavorisée dans le partage. En France, le prince trouve tout bien ; il est gai, sémillant, empressé. A Pétersbourg, il devient inquiet, morose, dénigrant, enfin la Russie a le malheur de lui déplaire ; mais on dit qu'il déplaît à la Russie : ils n'ont donc rien à se reprocher. Un jour, nous nous rencontrâmes dans une de

ces grandes assemblées où l'on cherche un causeur pour dérober quelques instans à l'oisiveté
du salon. « Eh bien! me dit le prince, en votre qualité d'étranger, vous faites semblant de
vous amuser ; c'est le sublime du savoir-vivre.
Quant à moi, qui suis sur mon terrain, je laisse
aller ma figure ; et comme je m'ennuie, elle en
convient franchement. Mon cher pays me fatigue beaucoup, aussi je n'y viens qu'en visite.
— Mais cependant, mon prince....... — Oui,
ce pays me déplaît, et je le dis quelquefois,
parce que je le pense toujours. Le moyen de ne
pas périr d'ennui entre deux écueils également
redoutables : à droite, l'implacable boston ; à
gauche, l'inévitable violon! A peine reste-t-il
une petite place aux gens qui ne veulent ni l'un
ni l'autre. Quelle foule! Vous et moi, sommes
les ilotes de l'assemblée ; car il s'attache de la
déconsidération à ceux qui ne dansent ni ne
jouent. Tenez, ne voilà-t-il pas cette grosse
comtesse qui vient se jeter sur nous avec son gigantesque valseur ; reculons quelques pas, pour
n'être point écrasés par ces deux colosses tour-
billonnans. Examinez, je vous prie, ces dan-
seurs, leurs pieds s'agitent, c'est incontestable ;

mais remontez des jambes à la figure, et dites-
moi si ces traits immobiles sont le moins du
monde en harmonie avec le folâtre plaisir de la
danse ; nous devons croire que ces sauteurs ne
tiennent qu'à se fatiguer. Croyez-moi, cet amusement est de pure convention ; les hommes
dansent par complaisance, et les femmes par
amour-propre. Les rafinemens de la civilisation
gâtèrent ce plaisir. Nos pères l'entendaient bien
mieux, c'était pour eux un exercice auquel l'en-
jouement présidait ; ils ne traitaient point la
chose sérieusement ; un bon rire épanouissait
leurs visages. Mais depuis que les bals sont devenus des ballets, et que nous y avons admis
vos symétriques contre-danses ; depuis qu'on
apprend artistement à s'amuser, moyennant
quinze ou vingt roubles par cachet, la danse
est devenue pédante, maniérée ; et nos demoiselles quittent leurs chaises avec un plaisir mêlé
d'effroi, tant elles craignent de compromettre
leurs grâces.

» Si, de cette atmosphère embrasée, nous pas-
sons dans la région plus tempérée des parties de
jeu, nous n'y trouverons pas le plus petit mot
pour rire. Nos vieilles femmes assurent que, du

tems de Catherine, un reversi était un prétexte
honnête pour quatre personnes de se séparer de
la foule, et de causer plus librement. Le jeu
servait d'accessoire à la conversation ; souvent
un agréable épisode faisait oublier les cartes,
qu'on reprenait négligemment en attendant
mieux. Allez chercher cela aujourd'hui. Vingt
tables sont occupées dans cette longue galerie ;
faites-moi la grâce d'épier les joueurs ; je veux
être pendu s'il leur échappe un trait, une plaisanterie étrangère à l'intérêt du jeu. Le seul
mobile de ces graves séances, c'est la triste
satisfaction de déplacer les *billets blancs* du portefeuille de son voisin pour les mettre dans le
sien. Regardez, près de nous, cette longue princesse à figure jaune, elle est absorbée par la
passion des cartes. Qu'un homme d'esprit s'a-
vise de la détourner un moment de son jeu, il
sera bien reçu ; elle ne l'honorera seulement pas
d'un regard, d'un mot, tant elle est possédée
de l'amour du gain, malgré son immense fortune. Ainsi, le jeu n'est plus un amusement,
c'est une spéculation, une affaire d'argent. Nos
ancêtres jouaient quelques soroks *, et riaient

* Pièces de quarante copecks, ou quarante centimes.

comme des fous, en les perdant ou en les ga-
gnant; ils ne se retiraient jamais horriblement
mécontens d'eux-mêmes et des autres, comme
nos gens d'aujourd'hui, lorsqu'ils laissent sur
le tapis quatre ou cinq mille roubles. — Mais,
mon prince, la danse et le jeu se ressemblent
dans tous les pays, et je pense..... — Ici rien
n'est animé, rien n'est vivant, ajouta le prince
(qui a la mauvaise habitude de n'écouter que
lui); tout est frappé de langueur, de mort. Jamais je ne vois jaillir une étincelle de ce feu sacré qui produit les grandes choses et colore les
petites; de quelque côté que se tourne le génie,
il rencontre un obstacle, un découragement,
et son flambeau se renverse. Point de critique
littéraire, point de sifflets au théâtre, point de
feuilleton redresseur des torts *comiques*. Notre
littérature est la très-humble servante de la vôtre, de celle des Allemands et des Anglais;
elle copie servilement les productions exotiques,
parce que c'est plus commode, et qu'on n'en-
courage point nos écrivains. Nos hommes d'esprit* sont malins, ricaneurs et dénigrans (à ce

* Si le prince m'eût laissé parler; je lui aurais dit que
dans sa critique, empreinte d'une ridicule exagération,

dernier mot, je ne pus m'empêcher de sourire,
mais mon intrépide monologueur n'en fut point
ébranlé). Le ton de ces messieurs effarouche
nos femmes et comprime leur amabilité. Les
veilles dont nous abusons nous fatiguent, elles
éteignent nos facultés morales, nos conversations ne commencent qu'à l'heure où toute
l'Europe s'endort, à l'heure où la nature ne
veut plus qu'on cause, sauf à être soporifique
et lourd. Le matin, nous courons et nous ne
faisons aucune provision pour le soir; c'est le
moyen d'arriver dans un cercle, vides de pensées, sans verve et sans chaleur. Il y a quarante ans, notre cour était magnifique, brillante,
enjouée, spirituelle, toujours en dehors; maintenant elle est grave, triste, solitaire, ou plutôt
ce n'est plus une cour, c'est une société intime,
qu'on ne voit pas, et qui règne à huis-clos. Nos
fêtes sont désenchantées, jugez-en par celle-ci ;

ce dernier trait est encore plus forcé que les autres. En
Russie, comme partout, la médisance est un des alimens de la conversation, mais elle est fugitive et ne
s'acharne point. Les Russes lancent adroitement la flè-
che du ridicule, c'est assez pour eux ; ils effleurent, et
ne dissèquent pas : l'autopsie morale répugne à leur lé-
gèreté.

nos bienséances obligées sont une roue qui ne
se repose jamais, nous nous accablons de visites
sans but et sans intérêt; enfin, chacun arrange
mal sa vie, et, ce qu'il y a de déplorable, c'est
qu'on le sent, on le dit, et on n'y change rien;
depuis mon retour je trouve un air ennuyé aux
gens qui s'amusent, et un air malheureux aux
hommes les plus fortunés.—Mais, mon prince...
Il me vient une idée, elle s'applique à mon pays
comme à tous les autres; l'Europe a éprouvé
beaucoup de tracasseries; la guerre désola les
nations, et, comme de juste, les hautes classes
payèrent les frais de ce tapage civil ou militaire;
les plaies sont encore saignantes; nous avons
tous des dettes à payer, des ressentimens à éteindre, des souvenirs à effacer. L'art de la société
s'est détruit au milieu des tourmentes; nous ne
savons plus nous plaire; il ne nous reste encore
quelque énergie que pour jouer et danser. La
grâce, la gaîté, la galanterie, les vives émotions
de l'ame, sont toutes choses mises au néant:
comment les faire revenir? Rien de plus simple;
en fermant les salons pendant dix ans. Ce terme
est court, mais il suffit pour refaire la fortune
des hommes et l'amabilité des femmes. Pendant

ce période d'un repos général, plus de ces folles
dépenses que notre misère ne peut soutenir; les
maisons se recomposent, les dettes se paient,
les économies s'accumulent ; les femmes condamnées à la retraite, comme jadis les dames grecques et romaines, séparées des cartes, des visites et du *crincrin*, soigneront leur esprit, et
prépareront leurs filles à devenir des femmes
charmantes; les hommes profiteront de leurs
loisirs pour acquérir de solides vertus et les con-
naissances utiles qui forment le mérite ; mais
afin de prévenir les inconvéniens d'une inter-
ruption totale dans les rapports sociaux, il leur
sera permis de se voir quelquefois entre eux, et
de se donner à dîner chez les restaurateurs ,
comme font à Pékin les seigneurs chinois. Comment trouvez-vous mon projet? Il est admirable,
car il est fondé sur nos besoins, sur nos malheurs et sur le profond ennui que nous rencon-
trons les uns chez les autres. Dix ans! cela
passe vite, et de même que les hommes sortent
meilleurs d'une retraite pieuse, ils seraient plus
aimables, plus bienveillans à l'expiration de
cette épreuve ; on jouirait du rajeunissement de
nos vieilles sociétés ; elles paraîtraient tout autres au grand jour de l'ouverture des salons.

Jugez de l'étonnement des Russes en revoyant la dolente Théodora devenue sémillante, la fière Varinka sans morgue et sans airs; l'ignorant Fédor avec de l'instruction, et le froid Basile sans désobligeance; enfin, le comte Nicolas payant ce qu'il achèterait, le prince Grégoire jouant à cinquante kopeks la fiche, et sa femme mettant trois fois la même robe!... Quel tableau ravissant que cette foule de métamorphoses! Fraîcheur, santé, fortune, humeur, faculté de l'ame et de l'esprit, tout gagnerait durant ces dix années; ce serait un renouvellement de l'âge d'or. Ah! si cette vieille Europe goûtait mon projet, si on pouvait s'entendre.... *Vous avez beau dire*, mon idée est parfaite, et.... » Ici, le prince prit son mouchoir, j'allais profiter du sursis pour le combattre, quand l'orchestre frappa l'accord d'une nouvelle contredanse; il y eut un grand mouvement autour de nous, et mon causeur, qui déteste le dialogue et la contradiction, en profita pour se perdre dans des flots de monde; il me parut très-content de lui, et sans doute il fut satisfait de moi, car j'avais écouté avec une grande patience sa bizarre philippique.

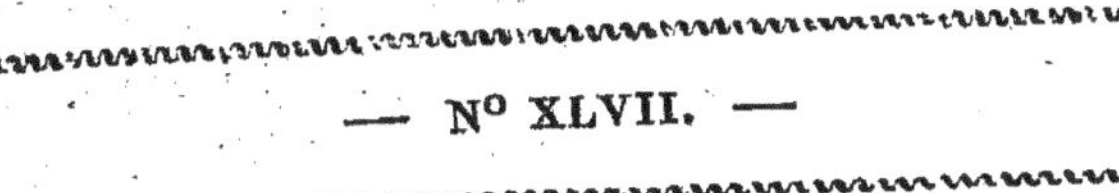

— N° XLVII. —

SUR LES CRIMES EN RUSSIE.

Tout état a ses maux, tout homme a ses revers
VOLTAIRE, *Discours sur l'homme.*

DANS une réunion où j'étais le seul étranger, le colonel Théodore éleva cette question : « Comment faut-il considérer le silence que gardent nos journaux sur les crimes qui se commettent en Russie ? Ce silence est-il un bien ou un mal pour la morale publique ? » Aussitôt le petit comité se divisa en cinq ou six opinions, comme il arrive toujours. On peut appliquer à tous les salons discutant ces deux vers, de je ne sais quel ouvrage :

Sur cet objet ils parlaient tous fort bien,
Ils disaient d'or, et ne concluaient rien.

Un petit conseiller-d'état, plein de fraîcheur,

et fort content de sa personne, s'agitait sur son fauteuil : « A quoi bon, disait-il, noircir l'imagination des lecteurs par les détails d'un forfait? C'est offrir un dangereux aliment à la curiosité publique. Pourquoi ces révélations indiscrètes de toutes les perversités humaines? Elles ne servent qu'à attrister les bons et à documenter les méchans. Oui, Messieurs, je soutiens que c'est un code d'atrocités, une école pour les demi-scélérats. Toutes les voies du crime y sont tracées, et tel homme qui ne saurait comment s'y prendre pour tuer ou empoisonner adroitement, puisera les moyens d'exécution dans la relation, très-circonstanciée, d'une cause criminelle. Notre police agit donc sagement en proscrivant ces honteuses confidences; et demain je cesserais mon abonnement à *l'Invalide* *, si je voyais ses colonnes souillées de parricides, fratricides, suicides, infanticides, etc., etc. C'est de quoi désenchanter le jour et la nuit; c'est peupler son chevet d'odieux cauchemars. «Pour moi, dit M. Frédéric, capitaine des Cosaques de la garde, je

* L'un des journaux russes.

n'approuve point qu'on nous fasse des cachoteries de tout ce qui se passe, surtout dans un pays où les plaidoiries se font à huis-clos. Pourquoi ne pas traduire les crimes au grand jour? Cette divulgation aurait cela d'utile, qu'elle avertirait de se tenir sur ses gardes. Par exemple, si j'apprends qu'un assassinat fut commis dans telle rue déserte, cela me donne à penser, et le soir, en me retirant, j'évite cette rue. Si un journal m'annonce qu'un voyageur a été assailli dans la forêt de......, c'est une leçon pour ceux qui doivent faire la même route. Quant à l'objection de M. le conseiller-d'état, sur l'enseignement qu'il redoute, je répondrai que chez nous le peuple ne lit point les journaux, et lors même qu'il les lirait, ne trouverait-il pas la moralité de ces relations tragiques dans la punition des crimes?

» — Singulière moralité, reprit le prince Jean, dans un empire où la peine de mort fut abolie par la fantaisie d'une impératrice, dont les nerfs étaient trop délicats! Messieurs, le *knout* est un jeu pour les robustes épaules, et la Sibérie une manière de voyager aux frais de l'état. Quelle législation criminelle que celle provenant de l'é-

vanouissement d'une jolie femme? Chez les peuples les plus sages de la terre, la peine fut toujours proportionnée au délit. Tout homme qui
tue son semblable doit être retranché de la société par la mort, si on ne veut pas qu'il re-
commence; car il y a dix à parier contre un
que celui qui a tué tuera. Qu'avez-vous à répondre? — Que vous êtes sorti de la question,
mon prince, répliqua gravement un sénateur,
il ne s'agit point de la peine de mort, mais du
mystère qu'on nous fait de tous les crimes.

» — Cette question est oiseuse, frivole et
superflue, s'écria un conseiller de collége; quand
la police lèverait l'interdiction prononcée, les
feuilles n'auraient rien, ou presque rien à nous
apprendre; notre nation est celle de l'Europe,
je dirai plus, celle du monde entier, chez laquelle il se commet le moins d'assassinats. Il
y a de la mauvaise grâce à parler ici des aven-
tures de grandes routes et de forêts; jamais
elles ne sont le théâtre de vols à main armée,
et encore moins de meurtres. J'ai fait des milliers de werstes sans rencontrer autre chose que
des mougiks ivres qui me saluaient tendrement.
Jamais vîmes-nous se former des troupes orga-

nisées comme celles de *Cartouche*, de *Mandrin*, et de *Gaspard de Besse* ? Jusqu'à présent notre bon peuple échappa à ce genre de corruption, qui enfante d'illustres scélérats ; notre pays est vierge de ces brigands de bonne compagnie, fils impurs de la guerre de trente ans, dont Schiller a noirci la scène allemande ; enfin, grâce au ciel, noûs ne connaissons pas même cette atroce cupidité, et ces querelles d'intérêts qui ensanglantent trop souvent l'intérieur des familles dans d'autres contrées. Sous ce rapport, nos maisons sont aussi paisibles que nos bois. De plus, rien n'est si rare qu'un vol avec effraction.

» Dernièrement, dans la *Colomna*[*], trois moujiks profitèrent d'un beau clair de lune (manière assez innocente de se cacher) pour escalader le balcon d'une maison déserte ; après avoir brisé une fenêtre vitrée, les voleurs, se trouvant en face d'une grande glace, se prirent pour les maîtres du logis, et s'enfuirent au risque de se rompre le cou ; d'où je conclus que notre peuple n'a point le germe, la protubé-

---

[*] L'un des quartiers de Pétersbourg.

rance, la bosse, enfin, le génie du meurtre. Il ne manque point de filous, comme le disait très-bien Pierre Ier, de glorieuse mémoire; mais ils ne sont point assassins. Depuis que j'existe, et j'aurai soixante ans le jour de la fête de l'impératrice, je n'ai pas entendu parler d'un seul meurtre.

» — Mon cher conseiller, répondit le prince Jean, vous ne nous dites pas de sottises; c'est une vertu que d'avoir bonne opinion de son pays; mais il ne faut point en abuser. Auriez-vous la prétention de nous faire passer pour des anges aux yeux de Monsieur, qui est étranger, ou au moins pour un peuple de sages? Hélas! nous subissons la loi commune; de même que les autres nations, nous avons nos pages sanglantes, nos jours noirs, nos voleurs et nos assassinats. Il est possible que ces derniers soient moins fréquens qu'ailleurs, j'aime à le croire; mais songez que tout est mystère dans ce pays. Peut-être s'écoulera-t il des siècles avant qu'un procureur général de l'empire soit autorisé à promulguer franchement l'état annuel des crimes et des condamnations. Eh bien! je serai plus franc que vous, je veux raconter ici, de-

main à la même heure et devant les mêmes personnes, une aventure qui s'est passée dans l'année 1798 ; elle est historique d'un bout à l'autre ; il existe encore beaucoup de gens qui se la
rappellent ; j'ose croire qu'elle vous frappera vivement ; je ne veux ni changer ni altérer les
faits ; seulement je tairai les noms, ils n'ajoute-
raient rien à l'intérêt.

Le souper mit fin à toute discussion ; on se
sépara, et le lendemain, vers dix heures, le
prince Jean, fidèle à sa promesse, nous raconta
l'anecdote qui fait le sujet du chapitre suivant.

— N° XLVIII. —

VARINKA,

ou

LE KABAK ROUGE *.

—

> Il est donc en naissant des ames condamnées,
> Par un triste ascendant, vers le crime entraînées,
> Que formèrent des dieux les décrets éternels
> Pour être en épouvante aux malheureux mortels!
>
> VOLTAIRE, *les Pélopides.*

VERS les derniers tems du règne de Paul Ier, M. D*** était commandant militaire d'une ville du gouvernement de Pultawa. Veuf depuis quatre ans, il lui restait une fille, sur laquelle reposaient toutes ses espérances. Ce vieil officier était un homme bon, vertueux, plein d'honneur et de dévouement à son état; mais une longue habitude du commandement l'avait ren-

---

* Kabak, cabaret.

. du sévère et inflexible dans ses volontés. Plus
fait au bruit des armes qu'à la connaissance
des passions, il croyait qu'on peut maîtriser les
mouvemens du cœur, comme on dirige une manœuvre. La mort de sa femme l'avait d'autant
plus affligé que des devoirs trop multipliés ne
lui permettaient pas de s'occuper de son enfant;
il chercha long-tems une gouvernante; enfin,
son choix s'arrêta sur une Anglaise généralement estimée, à laquelle il abandonna l'éducation de sa fille.

Partout la surveillance maternelle est nécessaire pour former le cœur et la morale d'une
jeune fille; mais peut-être ce besoin se fait-il
encore plus sentir en Russie, où l'enfance est
livrée aux soins obséquieux d'une foule d'esclaves, pour lesquels ses caprices et ses volontés
deviennent des lois. Ces petits êtres ayant bientôt deviné la crainte et le respect qu'ils inspirent, aiment à faire sentir leur autorité, et en
abusent presque toujours; c'est là un des grands
inconvéniens de l'éducation russe, souvent en-
travée par l'extrême complaisance des gens, et
la trop grande indulgence des parens.

Malheureusement pour Varinka, sa gouver-

nante ne s'entendait point à redresser les premiers torts d'une enfance trop abandonnée à
des mains vulgaires; miss Walis, âgée de quarante-cinq ans, avait des mœurs sévères, une
conduite irréprochable, mais un caractère plein
d'entêtement et de fierté. Assez jolie dans sa
jeunesse, son manque de grâce et de douceur
avait fait fuir les amours; peut-être en conçut-
elle un dépit secret, qui rendit son humeur
chagrine. S'exagérant beaucoup les prérogatives
de son sexe, elle regardait en pitié le pouvoir
que les hommes s'arrogent; elle voulait qu'une
femme eût assez de fermeté d'ame pour s'affranchir de ce qu'elle appelait leur tyrannie; pénétrée de l'importance de ses opinions, elle les
fit partager à son élève, quand celle-ci fut en
âge de les comprendre. « Croyez moi, disait-elle
souvent, les hommes ne sont forts que de notre
faiblesse; il ne tient qu'à nous de déjouer cette
puissance usurpée : une femme, dont la conduite
est pure, acquiert le droit de régner souverainement chez elle; mais pour gouverner nos
maîtres, sachons dissimuler nos sentimens et nos
impressions; opposons à leurs coups d'autorité
la circonspection et la prudence, qu'ils nom-

ment mal-à-propos de la finesse ; fatiguons leur violence par une force d'inertie qui finit toujours par la neutraliser. Telles sont, ma chère Varinka, les armes de la faiblesse ; les femmes qui savent s'en servir sont maîtresses dans leur maison ; et c'est un point essentiel dans ce monde. »

Miss Walis, en donnant à Varinka d'aussi étranges leçons, croyait travailler dans l'intérêt de son bonheur à venir : elle ne s'occupait que du moment où cette jeune personne passerait de la dépendance d'un père à celle d'un mari.

Les idées bizarres ont souvent un côté brillant, qui séduit, bien mieux que la raison, les imaginations jeunes et ardentes ; l'originalité de la gouvernante plaisait à l'élève ; elle était en rapport avec son caractère et ses penchans.

Varinka avait de l'esprit, des talens, et parlait facilement plusieurs langues ; rien n'est mieux soigné que le brillant de l'éducation chez les dames russes ; on essaie de tout ; on vise à tous les succès ! on réussit rarement, mais n'importe ; cela ne corrige personne ; les familles riches, et souvent celles qui ne le sont pas, ont une égale ambition, pour faire de leurs enfans de petits prodiges !

La figure de Varinka était d'une régularité parfaite, seulement on regrettait que ses traits fus-
sent un peu trop prononcés. Elle avait une fraîcheur éclatante, chose assez rare dans le pays,
une taille élevée, une démarche noble et assurée : malgré tous ces avantages on lui trouvait
moins de grâce que de beauté.

Le général adorait sa fille, mais il voilait
cette tendresse d'une enveloppe sérieuse et
même un peu sévère. C'était dans le secret de
son cœur qu'il jouissait des succès de Varinka et
de la considération dont la société l'entourait ;
aveugle comme la plupart des pères, il ne savait
point démêler sous l'extérieur imposant de sa
fil e, quelque chose de faussé dans le jugement,
des idées romanesques et exaltées avec un cœur
froid, un orgueil sans mesure, et une énergie de
volonté très-extraordinaire à cet âge.

Quand Varinka eut atteint dix-sept ans, époque où les demoiselles en Russie sont présentées
à la cour et dans le monde, miss Walis, dont la
santé ne pouvait plus supporter le climat, fut
grandement récompensée, et retourna en Angleterre. Les Russes d'alors, généreux par mode
et par sentiment, assuraient presque toujours

aux Mentors de leurs enfans une existence honorable. Après le départ de la gouvernante,
Varinka prit chez son père l'attitude et l'empire
d'une maîtresse de maison.

Le général avait pour aide-de-camp un officier aussi remarquable par sa conduite, ses talens
et la noblesse de son ame, que par les agré-
mens de sa figure et de toute sa personne.
Fédor, c'était son nom, devint très-épris
des charmes de Varinka; l'amour se plaît trop
souvent dans les contrastes. Plein de franchise
et d'aménité, il fut subjugué par celle qui con-
venait le moins à son cœur et à son caractère.
Presque sans fortune, il n'avait que des espérances d'avancement, et le général était fort riche; mais dans la jeunesse, qu'on appelle si jus-
tement le roman de la vie, un amant songe-t-il
à ces disproportions? Fédor aimait avec passion
la fille d'un homme qui lui témoignait beaucoup
d'attachement et d'estime : cette pensée lui donnait de la confiance, et bientôt il osa parler de
son amour! Varinka reçut cet aveu avec un air
d'indifférence; mais, au fond de l'ame, elle fut
très-flattée des hommages et des continuelles
déférences d'un homme très-distingué, qui pro-

fessait pour elle une sorte d'idolâtrie, et qui la
consultait sur toutes choses avec une soumission
et un respect dont sa petite vanité se glorifiait.
En l'écoutant, les principes de miss Walis re-
venaient à son esprit; elle se disait qu'il lui serait facile de les mettre en pratique avec un
mari, dont l'humeur facile et le caractère timide lui garantissaient le commode exercice
d'un empire absolu; d'ailleurs, la fortune serait
toute de son côté, autre motif à ses yeux pour
régner souverainement.

Ainsi, de froides combinaisons, bien plus
qu'un penchant du cœur, firent partager à la
jeune Russe les sentimens de Fédor. Bientôt les
amans s'entendirent pour fixer l'époque où le
consentement du général serait sollicité; toutefois, fidèle à son caractère, Varinka ne voulut
point se prononcer dans cette démarche hasar-
deuse; elle dit: « Je vous autorise à demander
ma main, mais je vous défends positivement de
laisser deviner l'affection que je vous porte; ne
parlez qu'en votre nom, n'exprimez que vos
vœux; je désire autant que vous qu'ils soient
exaucés. » Cette injonction portait le cachet de
son humeur décidée et hautaine; mais Fédor

était trop enivré, trop heureux pour en être frappé.

Enfin, l'aide-de-camp demanda un entretien particulier au général. Quand le soir vint, Varinka, retirée chez elle, attendait assez impatiemment que son père la fît appeler : huit heures sonnèrent ; c'était le moment *du thé*. Elle se rendit au salon ; le général était seul ; assis près d'une table, et la tête appuyée dans ses mains, il semblait absorbé par de pénibles réflexions ; sa fille cherchait à les deviner, mais elle eut le pouvoir de maîtriser ses désirs et son inquiétude.

Le général, visiblement embarrassé, gardait le silence ! Varinka ne lui adressa aucune question. Après quelques paroles insignifiantes, elle se plaignit d'un malaise, vint selon l'usage baiser la main de son père, et s'éloigna froidement sans provoquer une explication que la tendresse paternelle voulait peut-être accorder.

Rentrée dans son appartement, Varinka ne put qu'interpréter d'une manière défavorable à ses projets la tristesse du général et l'absence subite de Fédor ; son sommeil fut agité. Le lendemain, le soleil éclatant des hivers du Nord

embellissant la matinée, elle demanda un traîneau, prit une de ses femmes pour l'accompa-
gner, et dirigea sa promenade vers les planta-
tions qui entouraient la ville. Bientôt elle re-
connut Fédor; leurs traîneaux se croisèrent;
elle ordonna d'arrêter. Les Russes, familiarisés
avec notre langue, qu'ils parlent souvent mieux
que la leur, ont le précieux avantage de pouvoir
causer librement devant leurs gens, sans craindre d'en être compris. Varinka, frappée de la
tristesse de Fédor, lui dit : « Monsieur, expli-
quez-vous, j'aurai la force de vous entendre. »
Le jeune officier la regarde douloureusement,
soupire, et ne répond rien. « Eh bien! que vous
a dit mon père? — Ah! chère Varinka! tout
est fini pour moi, je ne dois plus rien espérer!
Depuis long-tems votre main est promise. —
Ma main est promise! quoi! mon père... — Je
l'ai trouvé inflexible; il m'aime, cependant, son
refus paraissait l'affliger. Mais c'est vainement
qu'on voudrait le faire manquer à sa parole; elle
est sacrée, et date de votre enfance. — Quel
est celui qu'on me destine? — Je ne sais, j'ai
dû respecter les secrets de mon supérieur. —
Quoi! on a disposé de moi, sans mon consente-

ment, en faveur d'un homme que je n'ai jamais vu, que peut-être je ne pourrais aimer ; on me laisse ignorer mon avenir, et l'on veut m'enchaîner au sort d'un inconnu..... jamais! Je vous quitte, Fédor; j'ai besoin de cette journée pour réfléchir, demain je vous ferai connaître ma détermination. » A ces mots, elle s'éloigna, sans que la voix de son amant eût le pouvoir de la retenir.

Pendant le déjeuner de famille, le général observa sa fille avec une inquiète curiosité. Fédor, fidèle aux ordres de son amie, n'avait parlé que de ses propres sentimens. Si cette jeune fille eût été plus confiante, si une tendresse véritable eût amolli cette ame altière, le cœur paternel n'eût peut-être pas résisté aux prières de son unique enfant, du seul espoir de sa vieillesse ; mais il fut complètement rassuré par sa contenance et son air de sécurité. Il la crut indifférente parce qu'il la vit calme ; comment deviner les émotions qui l'agitaient, lorsqu'elle attachait une fausse gloire à les dissimuler? Le caractère de Varinka fit toute sa destinée!

L'aide-de-camp revint à l'heure de son service; le général lui témoigna la même affection,

et sembla croire qu'il avait perdu toute espérance.

Les amans eurent une entrevue ; Fédor, qui
ne pouvait comprendre la résignation de celle
qu'il aimait, lui adressa de tendres reproches.
« Vous vous trompez, répondit-elle, je suis tranquille parce que j'ai pris une forte résolution ;
je ne me laisserai pas sacrifier, je vous aime, et
jamais cette main ne s'ouvrira pour celle d'un
étranger. — Mais votre père..... — Il a perdu
tous ses droits sur sa fille, dès qu'il en abuse. —
Songez, mon amie... — J'ai pensé à tout ; on ne
m'imposera point un mari ! Je méprise cette faiblesse que les ames vulgaires décorent du nom
de résignation : mon père est coupable de tyrannie ; je touche à ma dix-huitième année ; disposer de moi comme d'un esclave, c'est m'au-
toriser à braver sa puissance. — Mais il ignore
vos sentimens, pourquoi lui cacher qu'ils sont
d'accord avec les miens ? peut-être cet aveu.....
— Non, je le connais ; il a donné sa parole,
l'honneur prévaudra sur les intérêts de sa fille,
ses volontés seront irrévocables ; je n'aurai pas
moins de fermeté que lui ; nous nous aimerons,
Fédor, mais avec mystère. — A quelle épreuve

me condamnez-vous? Quoi! faut-il feindre? faut-il tromper celui que j'aime, que j'honore? — Ma tendresse vous dédommagera de cette contrainte; notre amour est innocent et pur! Nous nous verrons, mon ami, je ne vous refuserai pas cette consolation, et la vertu la plus sévère ne pourra s'en offenser; le tems fera le reste; qui sait si celui qu'on me destine ne rompra point lui-même ses engagemens? » Fédor n'osa pas insister, et se soumit, quoique en gémissant, aux funestes inspirations de son amie.

L'obstacle imprévu qui s'opposait aux vœux de Varinka, donna plus de force à son amour. Cette lutte secrète entre les volontés de son père et la sienne, n'était pas sans charme pour son imagination exaltée; non-seulement elle se croyait autorisée à braver tacitement la puissance paternelle, mais elle trouvait une sorte de douceur à entourer d'un voile mystérieux ses actions et ses sentimens : c'était donner plus d'intérêt à sa vie, et se créer les honneurs puérils d'une héroïne persécutée. Ainsi, par une fierté mal entendue et de fausses idées sur les droits de son sexe, elle se croyait parfaite en manquant à ses devoirs; si son amant eût été moins subjugué, il aurait frémi devant les étranges principes de cette jeune personne : quelle trempe d'ame! quel caractère pour le bonheur domestique!! Mais l'amour, avec son épais bandeau, lui dérobait l'avenir : quel est l'homme qui ne pardonne point les torts dont il est la cause?

Deux mois se passèrent. Le général avait au nombre de ses gens un valet de chambre coiffeur : cet homme donnait souvent des sujets de plainte. Fédor, chargé de la police des domestiques, dont le nombre s'élevait à une centaine, fit punir sévèrement le coiffeur pour une faute assez grave. Iwan (c'était son nom) jura de se venger, et, dans ce dessein, il épiait toutes les actions de l'aide-de-camp.

Le général, qui avait vieilli dans l'activité de l'existence militaire, conservait l'habitude de se lever de grand matin, et se faisait coiffer aussitôt. Un jour que le valet de chambre se rendai chez lui à cinq heures, il vit un homme sortir furtivement de la chambre de Varinka ; il l'observe, le suit à pas de loup sans en être vu, et reconnaît Fédor.

Tout en coiffant son maître, Iwan dirigea la conversation sur l'aide de-camp : « C'est un

beau et brave jeune homme, dit-il, il est même
assez généreux quoiqu'il ait peu d'argent; c'est
dommage qu'il ait une si mauvaise tête. — Fédor mauvaise tête! et où as-tu pris cela, Iwan?
je ne connais pas d'officier plus raisonnable que
lui. — Oh! quand je dis mauvaise tête, je veux
dire qu'il est trop amoureux, et que cela lui fait
faire des folies. — Ah! tu sais qu'il est amoureux; et, dis-moi, connais-tu l'objet de son
amour? — Oui, c'est une personne sur laquelle il n'aurait jamais dû lever les yeux.
— Comment! que veux-tu dire? — De par saint
Basile, Excellence, vous ferez de moi ce que
vous voudrez, mais je vous suis trop attaché
pour souffrir qu'on trompe un maître aussi bon
que vous ; apprenez qu'à l'instant même j'ai vu
l'officier sortir de l'appartement de mademoiselle. — Misérable! qui peut te porter à forger
une aussi infâme calomnie? — Je ne dis que la
vérité, Excellence, et je consens à mourir sous
le bâton si je ne prouve pas ce que j'avance. —
J'accepte le marché. Tu seras traité..... — Don-
nez-moi quelques jours, et votre excellence
verra que je suis un fidèle serviteur; mais il faut
qu'on me garde le secret. — Je te le promets. »

La semaine entière s'écoula sans que le valet de chambre vînt faire un nouveau rapport. Déjà le général, ne doutant plus de son imposture, se préparait à le faire punir, lorsque, dans la nuit du samedi au dimanche, Iwan entre chez son maître, en s'écriant: « Ils sont ensemble; venez, Excellence, vous les surprendrez. La petite femme de chambre s'est laissé gagner; c'est la plus *pimpante* des femmes de mademoiselle : c'est tout simple, elle est payée de deux côtés. »

A tout ce bavardage, le général ne répondait rien. Il se lève, s'habille, congédie l'officieux délateur, et se rend chez sa fille. Il frappe, personne ne dit mot; il redouble, se nomme, et ordonne d'ouvrir. Varinka répond enfin comme sortant d'un profond sommeil;... elle n'a point de lumière;... il faut qu'elle réveille sa femme de chambre... Elle demande le tems de passer une robe; le général s'impatiente... Que fera-t-elle? Point d'issue dans l'appartement; deux chambres et un cabinet sans dégagement; un poële, et point de cheminée où on puisse se cacher; les doubles fenêtres rendent l'évasion impossible... Fédor est au désespoir... Mais dans la chambre d'Annouschka se trouve un

grand coffre fermant à ressort; il contient du
linge ; on le vide précipitamment, Fédor s'y
place, le dessus du coffre retombe , et la femme
de chambre va ouvrir au général. Celui-ci, en
entrant, prend un flambeau , et fait une rigoureuse inspection des trois pièces; il ne trouve
rien qui justifie ses soupçons, il ne voit pas
même le coffre sur lequel on a amoncelé le
linge. Les manières de Varinka ne décèlent aucun embarras ; elle demande à son père, avec
un air de simplicité , le motif de cette visite nocturne. Le général, un peu confus, balbutia
quelques excuses. Sa fille se crut délivrée, lorsqu'à son grand déplaisir, elle le vit renvoyer
Annouschka dans l'antichambre , fermer soigneusement la porte, venir s'asseoir, et enta-
mer une longue dissertation sur la morale , sur
la décence qui doit caractériser toutes les actions d'une jeune personne. L'entretien se pro-
longea pendant plus d'une demi-heure; Varinka
soutint courageusement cette terrible épreuve ;
en la quittant, son père l'embrassa tendrement.
« Adieu, adieu, dit-il , ma chère enfant! par-
donne-moi d'avoir troublé ton sommeil; je vois
que je ne me suis pas trompé dans la bonne

opinion que j'avais de toi ; tu mérites ma confiance, tu es une bonne et noble fille ; semblable à ta mère, tu comprendras toute ta vie l'importance de tes devoirs. »

Restée libre, Varinka et sa femme de chambre s'empressent de délivrer leur prisonnier ;
on lui parle, il ne répond point ; on le croit évanoui, il est mort..... Mais comment admettre
cette affreuse pensée ? On l'enlève ; on l'inonde
d'eau fraîche et de spiritueux ; Fédor reste immobile. Varinka essaie un dernier moyen ; elle
prend des ciseaux, coupe une veine, le sang ne
paraît point. Le malheureux jeune homme ne put
soulever le dessus du coffre, il a été étouffé, il
est mort !.....

Hélas ! comment peindre le désespoir de Varinka ? Un homme vient d'expirer dans son appartement, au milieu de la nuit, et cet homme,
c'est celui qu'elle aime !.... Prosternée près du
corps de son amant, elle ne verse point de larmes ; sa bouche ne laisse échapper que des sons
inarticulés. Ce n'est plus cette altière Varinka,
dont le courage savait tout braver ; la douleur
en a fait une femme tendre ; elle donnerait mille
fois sa vie pour racheter celle de Fédor.

Tandis qu'elle déplorait son malheur, sans s'occuper du danger de sa position, Annouschka pleurait amèrement : « Nous sommes perdues, disait-elle, on va nous accuser de la mort de l'officier, nous serons condamnées à la Sibérie!... » Varinka ne répondait rien. Une heure se passa dans ces perplexités. Tout à coup Annouschka se lève en s'écriant : « Il me vient une idée, elle nous sauvera! Il faut que ce corps disparaisse avant le jour; je vais trouver mon frère le cocher, lui seul peut nous tirer de peine. — Y penses-tu? confier notre secret à ton frère! — Pourquoi non? Je sais bien qu'il s'enivre quelquefois; mais, au fond, c'est un garçon honnête; je vous réponds de lui; quelques petits présens le rendront discret. — Non, te dis-je, je ne puis me résoudre..... — Mais quel autre moyen employer? que faire de ce corps? qu'allons-nous devenir? — Ce qu'il plaira à Dieu, que j'ai offensé. — Songez à la colère du général, au bruit que cet événement fera dans le pays; mademoiselle, on vous respecte maintenant, vous allez être déshonorée; le tems presse, encore quelques heures et le jour viendra, et nous serons perdues : au

nom du ciel! ne me retenez plus, je me charge
de tout! »

A ces mots, sans rien écouter, elle sort, va
réveiller son frère, lui confie tout ce qui vient
de se passer, et cherche à l'émouvoir par des
supplications et par des promesses; mais le cocher l'interrompant brusquement : « Parbleu!
dit-il, voilà bien du tapage pour un homme
mort; eh bien! on l'enterrera. Es-tu folle de
t'affliger ainsi? — Mais il faut que personne ne
sache... — Personne ne saura, je te le garan-
tis. — Mais comment feras-tu? — Sois tranquille, tout le monde dort maintenant; je vais
aller prendre notre galant, je le placerai sur un
long traîneau, je le couvrirai de quelques bottes
de foin, et, fouette cocher, nous ferons route
ensemble. Quand, par hasard, on me rencontrerait, au diable si on devine que, sous du
fourrage, il y a un bel officier; d'ailleurs, il
n'y a rien à craindre, personne ne se promène
à cette heure; il fait trop froid. — Mais où le
mèneras-tu? — Que cela ne te gêne point; je
le cacherai si bien que, de ta vie, tu n'en
entendras parler. Je suis ravi de rendre ce petit
service à notre maîtresse. La pauvre enfant!

elle va bien pleurer pendant trois jours; le quatrième, elle se consolera, et le cinquième, si un
autre marieur se présente..... — Fi donc, mon
frère! n'as-tu pas de honte..... — Vous avez
raison, notre sœur; allons, allons, c'est assez
parler. »

Tous deux gagnèrent, avec précaution, la
ohambre lugubre. Varinka les entendit, et se
retira à l'écart : le cocher ne la vit point; il
chargea sur ses robustes épaules l'infortuné Fédor. Pendant cet enlèvement, Mlle de..... resta
anéantie : la douleur, le remords et l'effroi en-
chaînaient toutes ses facultés.

Quelques instans après, le cocher s'éloigna :
debout sur son traîneau, il parcourut une immense distance. Arrivé au milieu du fleuve, il
s'arme d'un pieu de fer dont il s'était muni,
fait un large trou dans la glace, et y précipite
le corps qui s'abîme sous les eaux. Pour surcroît
de prudence, il cache l'endroit où le cadavre a
disparu sous un amoncèlement de neige.

« J'aurais bien pu, se disait-il, garder la
dépouille de cet homme; son manteau était
presque neuf; mais *pas si bête;* j'y renonce de
bon cœur. Quant aux cinquante roubles qui se

trouvaient dans le portefeuille, à la bonne heure, l'argent ne trahit point. Allons, voilà qui est expédié. Je défie son excellence la police de deviner le tombeau de notre officier; vienne la débacle, il aura déjà fait quelques milliers de werstes. »

Varinka, appuyée sur sa fenêtre, était tombée dans une sorte d'agonie. Quelques teintes matinales éclairaient déjà l'horizon; les vapeurs carminées de l'atmosphère annonçaient un beau jour. Le silence des nuits cessa progressivement; chacun, en s'éveillant, reprenait ses travaux. Varinka entendit une voix éclatante chanter un air national : c'était le frère d'Annouschka ; revenu de sa course, il pansait gaîment ses chevaux. « Malheureux ! s'écria sa maîtresse, tu chantes, et moi je succombe au désespoir ! tu as su cacher le crime, mais je suis le criminel, mais j'ai livré mon secret à une ame basse et sordide, mais cette vile créature devient l'arbitre de mon sort. »

Cependant, à midi, Varinka n'avait point encore vu son père ; c'était l'heure où elle devait se rendre près de lui. Que pensera-t-il à l'aspect du désordre et de la pâleur de ses traits?

Son cœur frissonne : elle craint de se trahir ; elle avance en tremblant, et frappe à la porte du cabinet. Le général répond : « C'est vous, cher Fédor ; entrez donc ; je vous attends si impatiemment. » A ces mots, prononcés d'une voix affectueuse, l'infortunée se sentit défaillir ; sa main abandonna la clé ; elle allait fuir, lorsqu'elle entendit du bruit, et vit paraître un courrier : il entra dans le cabinet ; elle le suivit. L'attention de son père fut distraite par cet incident ; il serra la main de sa fille, et ouvrit ses dépêches. Tout en les parcourant, il s'étonna de l'absence de son aide-de-camp. « Concevez-vous, ma fillle, que Fédor, toujours si exact, Fédor, qui ne manqua jamais de venir à neuf heures à ma chancellerie, n'ait point encore paru ? On l'a vainement cherché dans toute la ville ; son domestique prétend qu'il n'est point rentré chez lui hier soir. » Varinka répondit vaguement. Le général signa an registre du *feltiègre* et le congédia ; mais il s'aperçut enfin de l'altération des traits de sa fille. « Pauvre enfant, dit-il, vous vous ressentez encore du dérangement que je vous ai causé cette nuit ; peut-être aussi vous ai-je annoncé trop brusquement nos inquiétudes sur Fédor. Vous aimez comme moi ce bon jeune homme ; sa disparition doit vous être pénible ; mais j'ai déjà envoyé plusieurs exprès dans les environs. Mort ou vif, ajouta-t-il en souriant, il faudra bien qu'on nous le ramène. » Le hasard de cette expression, employée sans dessein par le général, fut mortel pour le cœur de sa fille ; elle sortit, craignant de laisser voir le trouble qui l'agitait.

Dans quelle situation déplorable s'est-elle placée ? Comment soutiendra-t-elle le poids de sa douleur et le silence qu'elle s'est imposé ? Plusieurs jours se passèrent dans d'inutiles recherches ; on ne parlait que de l'absence de l'aide-de-camp ; chacun l'expliquait d'une manière diverse ; mais personne ne soupçonna la vérité. Bientôt on se lassa de cette conversation : le monde est si frivole, que les événemens les plus extraordinaires laissent à peine une trace dans ses souvenirs. Le général lui-même renonça à ses recherches, et finit par accuser de dépit amoureux, ou de folie voyageuse, celui qui avait expiré sous son toit.

Bien que le secret fût rigoureusement gardé,

Varinka ne pouvait se défendre d'une inquiétude dévorante ; sa santé s'altéra, et sa tristesse
prit la teinte de son caractère. Ce n'était point
cette mélancolie douce qui appelle l'intérêt sur
une ame souffrante : quelque chose de sec et de
hautain se mêlait à toutes ses actions. Dans la
plus belle saison de la vie, à cet âge sédui-
sant où ceux mêmes qui nous approchent semblent se placer volontairement sous notre empire, Mlle de... inspirait une sorte d'éloignement, et repoussait les sentimens affectueux.
Le changement qui s'opérait en elle devint trop
frappant pour échapper plus long-tems à la
sollicitude paternelle. « Vous me cachez vos
peines, lui dit un jour le général ; ma fille, je le
vois, vous avez manqué de confiance ; mais,
dites, n'ai-je point à me reprocher l'absence de
ce pauvre jeune homme ? Blessé de mon refus ,
il aura voulu se séparer de nous ; je devine qu'il
vous a fait l'aveu de ses sentimens , et que vous
connaissez l'obstacle qui renversait ses désirs.
Peut-être l'aimiez-vous ; répondez : l'avez-vous
vu avant son départ ? Savez-vous où il est maintenant ? — Mon père, je l'ai vu, répondit Varinka sans se troubler ; il paraissait ému en me

quittant ; il m'adressait comme des adieux. Je n'ai pas bien compris le sens de ses paroles ; mais je vous jure que nous n'avons conservé aucune relation. — Vous éludez une de mes demandes , ma fille ; était-ce de l'amour que vous éprouviez pour lui ? — Non, mon père , c'était uniquement un sentiment d'estime. — Je vous crois ; pourquoi me cacheriez-vous la vérité ? D'ailleurs, faut-il vous le dire ? l'homme auquel votre main fut promise n'existe plus pour vous. Devenu maître de ses volontés , il a rompu les engagemens que je respectais : il est marié depuis huit jours ; des lettres de Moscou m'apprennent à l'instant cette nouvelle. Si vous aimiez celui que nous regrettons, il pouvait tout espérer ; mais n'en parlons plus ; je ne sais pourquoi le souvenir de Fédor reste sur mon cœur comme un poids douloureux.. »

Cette communication inattendue fut un coup de foudre pour Varinka. Eh, quoi! c'est lorsqu'elle a perdu Fédor que toutes les difficultés s'applanissent ; aujourd'hui même elle pourrait devenir sa promise. Grand Dieu! déjà les pompes de l'hymen se prépareraient : riche , belle , entourée d'hommages, elle pouvait être la plus heureuse des femmes : pour la punir, le sort se plaît à lui faire entrevoir la félicité. Cette image flatteuse s'offre à elle comme un éclair brillant qui traverse la nue ; mais aussitôt sa pensée retombe dans l'affreuse réalité, et ses yeux, baignés de larmes, rencontrent la place où, prosternée près du corps de son amant, elle lui prodigua d'inutiles secours : à quoi lui servirent les pénibles combinaisons de l'orgueil, et l'oubli des bienséances qui lui étaient imposées ?

C'est volontairement qu'elle empoisonna sa vie et détruisit son avenir. Infortunée ! Pourquoi le destin te priva-t-il si jeune de la tendresse maternelle ; une mère, soigneuse de ton bonheur, eût adouci ta fierté et dirigé tes vertus ; elle t'eût fait connaître les liens projetés pour toi, et ton cœur se serait formé à une soumission respectueuse : mais s'il eût cédé au dangereux attrait de l'amour, ton secret ne pouvait échapper à l'œil vigilant d'une mère. Hélas! le destin disposa autrement de la jeune moscovite. Dénuée de conseil et d'appui, son caractère s'aigrit, et son ame, fatiguée de souffrance, devint étrangère à tous les sentimens doux et consolateurs ; une seule pensée l'occupait, cacher son secret, échapper au mépris : voilà où tendaient tous ses vœux. Chaque jour Fédor s'effaçait de son cœur; elle le regrettait faiblement, et cette image si touchante ne lui apparaissait plus que comme un accusateur toujours prêt à la perdre.

Cependant le valet de chambre coiffeur ne concevait rien à tout ce qui s'était passé; le lendemain de sa délation, non-seulement il fut puni comme calomniateur, mais il reçut l'ordre de ne plus paraître devant le général. Cette dernière correction exalta d'autant plus les ressentimens d'Iwan, qu'il était parfaitement sûr d'avoir vu Fédor entrer dans l'appartement de sa maîtresse. Ne pouvant s'expliquer la disparition de l'aide-de-camp, il ne songea qu'à pénétrer un si étrange mystère.

Il ne tarda point à s'apercevoir que Pierre le cocher dépensait plus que de coutume, ce qui lui fit soupçonner que le frère et la sœur étaient mêlés dans cette aventure secrète. Alors il rechercha l'occasion de faire parler son camarade : elle s'offrit bientôt; ce fut le jour des Rois et de la bénédiction des eaux. En Russie, les gens du peuple ne croient pas avoir

suffisamment célébré une grande fête s'ils ne
s'enivrent au moins une fois dans la journée.

Le soir de ce jour, le général ayant dit qu'il
ne sortirait point, Iwan entraîna le cocher dans
un kabak (cabaret) placé à quelque distance de
la ville; on l'appelait communément le kabak
Rouge : ils y trouvèrent deux domestiques de
la maison du général ; le maître du cabaret était
un homme libre ; plein de gaîté et d'insouciance,
on le voyait toujours prêt à partager l'ivresse
de ceux qui buvaient chez lui : quand les têtes
furent un peu montées, on parla selon l'usage
du général et de mademoiselle. Les longues
séances de cabaret présentent, comme certaines pièces de théâtre, deux actes bien différens; d'abord celui où les langues se dé-
lient par l'effet des premiers verres; le second,
où elles s'épaississent par l'excès de la boisson ;
nos cinq convives exécutèrent admirablement
cette première partie. Tantôt les paroles se succédaient rapidement comme un feu de file ; le
plus souvent tous causaient à la fois : c'était le
feu de peloton.

Le cocher n'ignorait point la sorte de suprématie que s'arroge le payant sur ceux qu'il ré-

gale ; charmé de jouer un rôle, il s'était déclaré
l'amphytrion, et usait largement de ses droits.
Iwan, plus beau parleur en sa qualité de perruquier, l'interrompant brusquement, voulut
prouver à l'assemblée que le plus riche d'argent
n'est pas toujours le plus riche d'esprit ; montrant l'hôte d'une main, et de l'autre frappant
sur la table : « Parbleu! s'écria-t-il, je ne crois
pas que dans tout le gouvernement de Pultawa...
il y ait un seigneur plus heureux que ce gaillard-
là. Maître de ses actions, il fait tout ce qu'il
veut, personne ne le tourmente : il reste garçon
parce que cela lui convient; la *marmaille* ne le
gêne point. Si un jour il est assez bête pour se
marier, il ne devra s'en prendre qu'à lui ; tandis
que nous, pauvres esclaves livrés aux caprices de
nos maîtres, toujours menacés du bâton, donnant au diable la femme qu'on nous oblige de
prendre, nous menons une vie misérable.

» — Bah! dit le cocher, tu te plains toujours, toi qui as un métier de paresseux ; pendant que tu fais voler la poudre sur la tête de
tes pratiques, des flocons de neige tombent sur
la mienne, et, morfondu sur mon siége, j'attends qu'il plaise à son excellence de me crier :

Pachol!.... Eh bien! que saint Pierre me ferme un jour les portes du paradis si l'on m'entend dire que je suis malheureux. Mes quatre repas sont assurés; j'ai un bon caffetan pour me couvrir, je couche l'hiver sur un poêle bien chaud; l'eau-de-vie ne me manque point. Vogue la galère et vive la joie! Quant à la liberté, je m'en soucie comme d'un verre d'eau : pour nous c'est souvent un brevet de misère. Dis-moi donc, mon beau coiffeur, ne vaut-il pas mieux être un esclave bien nourri, qu'un homme libre qui meurt de faim?

« — Et les coups dont on caresse notre dos, répliqua le perruquier, les comptes-tu pour rien? Le général est un assez bon seigneur, j'en conviens, sa colère passe aussi vite que les premières neiges du mois d'octobre; mais dans ces chiennes de grandes maisons n'a-t-on pas vingt maîtres pour un? La demoiselle, monsieur l'aide-de-camp, les parens, l'intendant, le maître-d'hôtel, il faut obéir à tout le monde. Que par miracle j'attrappe un jour la clé des champs, tu verras si je me plaindrai!

— Comment, seigneur Iwan, vous pensez encore à la dernière bastonade que vous fit appliquer généreusement l'aide-de-camp qui a *dé-campé?* Que veux-tu, mon garçon, il n'était pas riche; chacun donne ce qu'il peut. Après tout, tu n'en es pas mort; allons, vidons ce pot, ta rancune restera au fond.

» — Morbleu! Pierre, fils de Grégoire, il fut un tems où tu tenais un tout autre langage. Comment se fait-il que tu trouves tout bien maintenant? Explique-moi ce qui t'a fait devenir le favori de nos maîtres. On respecte tes os, comme s'ils n'étaient pas aussi durs que les nôtres? — Ah! je t'en réponds, qu'on les respecte; malheur! malheur à celle...... je veux dire à celui qui me laisserait frapper. »

A ces derniers mots du cocher, Iwan témoigna de la surprise; mais, réprimant aussitôt ce mouvement involontaire, et désirant obtenir de plus amples renseignemens, il répliqua vivement : « Eh! pourquoi donc; Pierre, serais-tu à l'abri des punitions? n'es-tu pas domestique comme nous? — Oui. — Aussi mauvais sujet que nous? — Sans doute. — Ne t'enivres-tu pas plus souvent que nous? — J'en conviens. — Et tu ne crains rien? — Rien, rien, te dis-je, de par tous les saints patrons de la

Russie ! — Ah! mon pauvre garçon, c'est l'eau-
de-vie qui parle, ce n'est plus toi! — Ce que je
dis est aussi vrai, qu'il est certain que je paie-
rai à notre hôte les quatre pots qui sont bus, et
ceux que nous allons boire encore. Allons, Daniel, fils d'Alexis, à la cave, et reviens, si tu
peux, sans trébucher, surtout sans répandre
une seule goutte de cette bonne liqueur ; tiens,
regarde ce billet blanc, il ne sera pas dit que
Pierre a fait des dettes au kabac rouge. »

L'hôte allume sa lanterne, et va dans une
pièce voisine où il tenait ses provisions ; pendant ce tems, Pierre roulait dans ses doigts
l'assignation de vingt-cinq roubles, et démêlait
avec plaisir sur la figure de ses camarades,
l'envie que sa petite fortune leur inspirait. Après
un instant de silence, le rusé Iwan poursuivit
son but en ces termes : « Sais-tu bien, l'ami,
que tu vas passer pour sorcier dans le district?
On dira qu'un diable te fournit de l'argent : ce
n'est pas sans danger pour toi ; prends-y garde ;
souviens-toi de la terrible aventure du meunier
d'Alatyr.

» — Que l'argent me vienne du diable ou
d'un ange, qu'importe? s'écria le cocher ; ce

qu'il y a de sûr, c'est que je n'ai qu'à dire un mot pour en avoir tant que je veux. Je puis te montrer demain matin deux cents roubles! entends-tu, Iwan? deux cents roubles! »

Iwan allait répliquer, lorsque l'hôte rentra, et déposa sa charge sur la table : « *Ochin carracho* *! dit Pierre d'un air de triomphe, aides-nous, Daniel, à faire raison de cette cruche au ventre arrondi. Est-il heureux, ce gros père la joie? il boit tout le jour aux dépens des autres, et les roubles lui viennent en chantant : allons, verse à la ronde, et dis-nous la chanson de *Pultawa*. »

Les têtes s'échauffaient. Iwan, toujours plus maître de lui que ses camarades, veut pousser à bout l'amour-propre du cocher : « Mon très-cher Pierre, lui dit-il avec cet accent plein de tendresse que prennent entre eux les gens du peuple à moitié gris, conviens que tout à l'heure tu faisais le fanfaron en nous parlant des deux cents roubles.

» — Non! répliqua le cocher d'une voix de ton-

* On peut traduire ces deux mots russes, très-souvent employés dans la conversation, par ceux-ci : *Fort bien*, ou *très-bien*.

nerre ; non, trois fois non ! J'ai dit la vérité ; je
puis avoir demain à ma disposition cette somme
qui te fait ouvrir de grands yeux, c'est une ba-
gatelle. Veux-tu quelque chose de plus fort? il
dépend de moi que notre jeune maîtresse vienne
ici à l'instant même..... Oui, de par l'archange
Michel, elle y viendra pour nous voir boire à sa
santé.

» — Quant à cela, mon brave, reprit le perruquier, je t'en défie ; nous t'en défions tous. Depuis mille ans, il n'est point arrivé que la fille
d'un général russe se soit rendue au cabaret
par l'autorité d'une *barbe*. — Eh bien! la mienne
aura cette gloire, et je consens à la couper dès
demain, si notre très-fière maîtresse ne se rend
pas à l'invitation de la compagnie. Quant à ton
défi, il ne vaut pas un kopek, je veux qu'il me
porte profit; parions quelque chose. — J'y consens : combien demandes-tu pour opérer ce miracle ? — Le billet rouge. — Va pour les dix
roubles. — Touche-là, c'est dit : je vous prends
à témoins, vous autres. Bientôt vous connaîtrez
le pouvoir de Pierre Grégorév'itsch ; mais j'exige
que, pendant mon absence, les verres se reposent : entends-tu, Daniel, joyeux seigneur du

kabac rouge, tiens-y la main, car je ne paie jamais ce qu'on boit sans moi. »

L'hôte s'inclina respectueusement, en signe
d'obéissance aux ordres de l'amphytrion, qui
s'éloigna rapidement, laissant nos quatre bu-
veurs étonnés de son audace, et riant d'avance
de la perte des dix roubles.

La vivacité de la scène avec le coiffeur avait
un peu tempéré l'ivresse de Pierre; il gagna le
logis d'un pas assez ferme, et monta à l'antichambre de sa jeune maîtresse. Il y trouva sa
sœur, la femme de chambre; elle était seule.

« Annouschka, dit-il en entrant, je viens de
faire un pari; c'est toi qui m'aideras à le gagner. — Qu'as-tu parié? — Que mademoiselle
se rendra tout à l'heure au kabak rouge, et
qu'elle nous verra boire à sa santé; elle n'y
trouvera que des gens de la maison, cinq personnes, en me comptant, pas davantage. —
Comment dis-tu? Ma maîtresse! la fille de son
excellence, aller dans un cabaret!.... es-tu fou?
— Non, je ne suis pas fou!.... — En ce cas, tu
es ivre, et c'est la même chose; va dormir, je
ne t'écoute point. —Annouschka! j'ai parié; on
m'a défié, et cela sera sans plus tarder : pré-

viens ta maîtresse. — Eh non! te dis-je, je ne lui parlerai seulement pas. »

A ces mots, la figure du cocher prit une expression menaçante qui fit trembler sa sœur. « Tu oses me dire que tu ne lui parleras pas! et moi je veux qu'elle vienne, s'écria-t-il en frappant du pied avec violence, et si tu ne parles pas, je parlerai moi!... As-tu donc déjà oublié la nuit du cadavre?... N'est-ce pas ici que je l'ai chargé sur mes épaules?... Ne puis-je pas à l'instant vous accuser de cette mort? — Silence, mon frère! au nom du ciel, tais-toi! — Eh bien! amène Varinka, fille de Vladimir; si dans quinze minutes vous n'êtes pas rendues toutes deux au kabak, demain on saura tout! »

En finissant ces terribles paroles, Pierre s'élança hors de l'appartement, sans vouloir écouter les plaintes de sa sœur.

Le général avait eu ce jour-là quelques personnes à dîner. Sa fille, retirée chez elle vers les six heures du soir, lisait tranquillement, lorsque le cocher survint; la porte de sa chambre étant restée entr'ouverte, elle avait pu entendre toute la conversation.

« Dieu sauveur! que ferons-nous? dit An-

nouschka, que ferons-nous? » Mais Varinka
avait déjà pris son parti. Nùlle hésitation ne se
peignit sur sa figure ; à la seconde demande
d'Annouschka, elle répondit avec le calme d'une
sombre résignation : « Nous irons au kabak
rouge. — Y pensez-vous, mademoiselle? —
Oui, te dis-je, nous irons. Ton frère a acquis
le droit de commander; il me faut obéir, il est
capable de tout, ce misérable! — Hélas! je conviens que lorsqu'il a bu... — L'infâme! dans le
délire du vin, il aura fait à ses camarades le récit
du trépas de ce pauvre Fédor; demain, l'aventure
sera publique dans la maison, et mon père... Dieu!
je frémis à la seule pensée que... Non content de
sa fatale indiscrétion, l'insolent cocher me condamne à l'épreuve la plus humiliante ; soit... je
la subirai; mais je jure que ce sera la dernière.
— Mademoiselle, que voulez-vous dire? Quel
peut être?... — Tais-toi, il n'est pas tems encore
de m'expliquer : va chercher une bouteille d'eau-
de-vie dans la caisse que nous avons reçue d'O-
dessa ; va, et reviens promptement; ton frère
est pressé, il n'y a pas un moment à perdre. »

Annouschka sortit et revint comme un trait
avec la bouteille qu'on lui avait demandée. Aus-

sitôt Varinka prend une fiole de laudanum, la
verse dans un vase, y jette aussi l'eau-de-vie,
et quand ces liqueurs sont bien mêlées, elle
remplit de nouveau la bouteille. Alors toutes
deux, s'enveloppant de leurs fourrures, sortent
par une petite porte d'arrière-cour ; la nuit
était sombre, un vent de nord-est soufflait avec
violence ; les jeunes filles, se donnant le bras,
s'acheminèrent vers le kabak par une route dé-
tournée.

Arrivées près de la porte, Varinka dit en élevant la voix : « Annouschka, regarde si quelques-
uns de nos gens ne sont pas ici. » Le cocher,
qui reconnaît les accens de sa maîtresse, s'é-
lance vers elle, et la prie assez respectueusement d'entrer dans la chambre : « Très-volontiers, répond-elle en s'avançant. » A son aspect, tous se lèvent, et restent confondus d'é-
tonnement.

« Mes amis, s'écrie Varinka, je vous porte
de quoi boire à ma santé : voici une bouteille
d'eau-de-vie de France, il n'y en a pas de meilleure dans les caves du général.

» — Bienfaisante dame, réplique le cabare-
tier déjà chancelant, béni soit le jour où j'ai

l'honneur de vous recevoir; c'est la première fois que ma cabane possède une aussi illustre personne! votre présence lui portera bonheur.

» — Bonnes gens, reprit gaîment Varinka, asseyez-vous; et toi, Daniel, fils d'Alexis, donne cinq tasses bien propres. Je réponds que jamais breuvage plus excellent n'aura été bu dans ce lieu.

» — *Houra! houra!* s'écrient les convives, charmés qu'on leur permît de s'asseoir, car ils se soutenaient à peine. »

L'hôte, très-glorieux de s'entendre appeler par son nom et celui de son père, ce qui, chez les Russes, est une marque de considération, pose, en se rengorgeant, les cinq vases sur la table. Varinka se lève, et prononce ces mots : « Pour vous prouver que j'aime à voir nos gens se réjouir, je veux moi-même vous verser à boire. » Alors elle distribue cinq portions égales, et tous avalent le perfide nectar, en appelant sur la tête de leur belle maîtresse mille bénédictions célestes.

« Annouschka, dit alors la jeune Russe, le vent redouble; laissons passer cet affreux chasse-neige; nous reviendrons tous ensemble à la maison. — Vous avez raison, excellence, balbutia le cocher, nous partirons quand..... » Mais sa langue embarrassée ne put achever la phrase, et sa tête s'inclina sur la table. Bientôt l'hôte et les autres domestiques furent plongés dans un profond sommeil. Le silence règne dans la chaumière. Un quart-d'heure se passe ; enfin, Varinka s'écrie d'une voix forte : « Allons, mes amis, partons...... » Mais l'opium a produit son effet ; personne ne répond. « Voici le moment, » dit-elle en jetant sur sa femme de chambre un regard sinistre.

Aussitôt elle ramasse de la paille, la présente à la lumière, et met le feu aux quatre coins de la chambre. « Que faites-vous, mademoiselle ? — J'assure notre secret, je l'ensevelis sous la cendre. — Et mon pauvre frère ? — C'est un misérable ; il nous trahissait. N'as-tu pas vu le rire insolent du coiffeur ? il savait tout. Ne pleure point, Annouschka ; nous étions perdues à jamais si ces misérables....., La maison s'embrase, sortons. » A ces mots, elle entraîne violemment cette pauvre fille, ferme la porte à double tour, et, s'élançant aux bords de la route, elle jette la clé dans la neige qui couvrait le champ voisin.

L'incendie est favorisé par les étoupes dont
les paysans russes calfeutrent leurs maisons de
bois. Dès que la flamme devint extérieure, le
vent la rendit plus active. Cachée derrière un
massif de vieux arbres, Varinka voulut acquérir la certitude que le feu n'épargnerait aucune
de ses victimes ; mais Annouschka, prosternée
sur la glace, laissait échapper des plaintes étouf-
fées par de sourds gémissemens. « O mon frère!
mon pauvre frère! c'est moi qui te donne la mort.
C'est pour nous sauver que tu te chargeas du
corps de l'officier au péril de tes jours, et voilà
ta récompense! Ah! j'en suis sûre, Dieu nous
punira. Tous les saints du paradis n'obtien-
draient pas notre pardon. »

Sa maîtresse, peu touchée de son désespoir,
vit la maison se consumer sans proférer une parole : cette ame, desséchée par l'orgueil, se
fermait à tout sentiment d'humanité. Des esclaves! un mougik!..... qu'est-ce que la vie de
pareilles gens devant l'intérêt de sa réputation et
de sa propre sûreté? Le cabaret était isolé. A
cette heure, personne ne se trouvait sur la route.
Une horrible tourmente protégea le crime et la
retraite de Varinka ; elle put, sans être aperçue,

regagner la maison où tout le monde ignorait son absence.

Varinka rentra dans le salon de l'air le plus dégagé, s'informa, avec intérêt, des chances de la partie que son père venait de terminer, et resta près de lui jusqu'à minuit, causant comme de coutume, sans montrer ni inquiétude ni distraction.

Le lendemain, on fit au général le rapport sur l'incendie ; le peuple ne parlait que du kabak brûlé. La police fit retirer de dessous les débris cinq cadavres à demi consumés et méconnaissables. Comme quatre domestiques de la maison du général avaient disparu, et que leur habitude constante était d'aller boire chez Daniel, on ne douta point qu'ils n'eussent péri dans les flammes.

Pendant le dîner, il ne fut question que du fatal événement. « C'est une perte qui m'est bien sensible, dit le général. Les malheureux! quel sort!..... Je regrette surtout Pierre ; c'était le meilleur de mes cochers et un bon garçon, malgré sa passion pour l'eau-de-vie ; il aimait ses maîtres, et conduisait fort habilement. Ces pauvres gens étaient nés sur mes terres ;...

tous étaient mariés : voilà bien des femmes dé-
solées et des enfans privés de leurs pères. Le
maître du cabaret était un excellent homme ; je
le vois encore ; gai comme pinson, il chantait
toujours : voilà pourquoi mes domestiques lui
donnaient la préférence ; ils aimaient mieux faire
un peu plus de chemin pour aller boire chez lui,
parce qu'il savait les amuser. — Ce que je ne
puis comprendre, dit un des convives, c'est que,
sur cinq individus, aucun ne soit parvenu à sortir de la maison dès qu'il a ressenti les premières
atteintes du feu. Je connais les localités ; la
chambre n'était pas grande, et la table où l'on
buvait se trouvait placée très-près de la porte
d'entrée. — Il faut croire, répliqua froidement
Varinka, qu'ils étaient tous profondément en-
dormis ; la fumée les aura subitement étouffés ;
ces maisons de bois brûlent avec une si prodigieuse rapidité ! — Ma fille a raison, dit le général ; vous savez combien nos gens boivent avec
excès, et comme ils sont imprévoyans. *Nébos*,
voilà leur devise. Je ne m'étonne que d'une
chose, c'est que ces événemens soient aussi
rares. »

Ainsi, un forfait aussi horrible dans ses com-

binaisons que dans ses résultats n'excita pas le
moindre soupçon. Une jeune fille n'a point hé-
sité devant la pensée de sacrifier cinq personnes
au désir de n'être point démasquée. Sa première
faute pouvait, en quelque sorte, s'excuser. Un
concours de circonstances malheureuses avait
amené une épouvantable catastrophe ; ici c'est
le plus barbare égoïsme qui lui a donné le génie
du crime ; elle le calcule froidement, elle l'exé-
cute avec atrocité : six être innocens sont morts
victimes de son détestable orgueil, puisque le
trépas de Fédor préluda au drame lugubre de
la nuit dernière. Varinka est restée chaste, et
pourtant c'est la plus criminelle des femmes ;
mais un voile impénétrable couvre son secret.
La fidélité de la femme de chambre est à toute
épreuve ; Annouschka adore sa maîtresse ; et,
quoique affligée de la mort de son frère, le
mystère n'a point à redouter son indiscrétion.
Ainsi, Varinka vit respectée, honorée; sa beauté,
son rang, ses richesses, lui attirent une foule
de prétendans ; celui qui obtiendra sa main se
croira le plus fortuné des hommes. Cependant,
l'hiver s'écoulait, et les austérités du grand carême succédaient aux joies du carnaval. Les sen-

timens religieux se réveillèrent dans l'esprit de Varinka ; le remords vint à leur suite, et ses pointes aiguës déchirèrent son cœur ; mais, plus superstitieuse que pénétrée des vérités sublimes de la religion, elle crut qu'en remplissant rigoureusement les devoirs de son culte, sa conscience serait délivrée du fardeau qui l'accablait.

Le sentiment de son indignité lui faisant redouter le confesseur ordinaire de la famille, elle trouva un prétexte pour solliciter de son père la permission d'en appeler un autre, et elle l'obtint. La figure vénérable de ce nouveau prêtre, sa bonté, sa douceur, semblent promettre plus d'indulgence ; les aveux qu'elle doit faire coûteront moins à sa fierté.

Le tribunal de la pénitence s'ouvre pour Varinka ; le pope fait sa prière ; Varinka s'incline. Lorsqu'elle révéla la mort funeste de l'infortuné Fédor, le prêtre garda un front sérieux ; ses traits ne perdirent rien de leur grave immobilité ; mais quand elle s'accusa de l'incendie du kabak, quand elle dit le trépas des cinq hommes brûlés de sa propre main, un cri d'horreur échappa involontairement au ministre de Dieu, et ses yeux se portèrent avec effroi sur la jeune pénitente qui attendait humblement son arrêt. Le confesseur restait comme anéanti sous le poids de la confession qu'il venait d'entendre.

« Mon père, vous ne dites rien, s'écria enfin la coupable Varinka ; la religion vous défend-elle de secourir le pécheur? — La religion me l'ordonne ; mais votre révélation remplit mon ame de terreur. Vieilli dans les fonctions du sacerdoce, je ne puis être étranger aux passions des hommes ; l'aveu de leurs iniquités n'a que trop souvent brisé mon cœur, et cependant.....; il est donc vrai, à votre âge, une personne de votre rang, de votre sexe....., vous qu'on cite pour modèle. » Après un moment de silence, le pope prononça ces mots d'une voix étouffée : « Dieu sauveur, pardonnez-lui! — Et vous, mon père, ne me pardonnerez-vous point? — On ne doit jamais désespérer de la miséricorde divine ; le tems et de sincères remords peuvent l'obtenir. Aujourd'hui le pardon du ciel ne descendrait pas sur vous ; je ne puis vous absoudre. — Songez à l'effet que va produire mon éloignement de la sainte table ; chaque année je remplis publiquement ce devoir ; les Russes ne peuvent s'y soustraire ; vous me

perdez, mon père, si vous me refusez l'absolu-
tion. — Et je me perds si je vous l'accorde. —
Mon père, au nom de ce Christ qui est devant
nous! — C'est en son nom que je dois résister.
Pensez-vous donc qu'un tardif repentir, arraché
par la crainte du blâme public, puisse désarmer
sa justice? La bonté dé Dieu est infinie; mais
votre crime fut horrible: le sang de ces malheureux veut une longue expiation. — Oh ciel! que
pensera mon père? soutiendra-t-il la honte du
scandale que votre extrême rigueur va entraîner? il en mourra! Ah! de grâce, ayez pitié de
ses cheveux blancs! » Elle dit, et tombe sur le
parquet qu'elle inonde de ses larmes.

Le pope resta quelque tems abîmé dans une
pénible incertitude; ses traits décomposés tra-
hissaient son émotion profonde. Faisant enfin un
violent effort sur lui-même, il dit à Varinka:
« Écoutez, les vertus de votre père, la crainte
d'ajouter une victime à celles de votre barbarie,
vont me rendre coupable; puisse le ciel me par-
donner! Jeudi prochain, présentez-vous à la communion, mêlez-vous à la foule des fidèles; je
m'arrêterai un instant devant vous, et l'on
croira..... vous m'entendez..... — Mon père.....

— C'est tout ce que je puis vous accorder ; c'est beaucoup trop sans doute. Adieu, pleurez et priez. » Aussitôt il se lève et disparaît aux yeux de Varinka.

Rentré chez lui, le pope ne put dissimuler le trouble qui l'agitait, ni prendre part au souper de famille. Sa petite fille, âgée de huit ans, lui adressait vainement ces questions enfantines si douces à l'oreille d'un père, il resta froid et silencieux. Sa femme s'alarma : c'était une très-bonne personne, fort attachée à ses devoirs, comme le sont généralement les épouses des prêtres russes ; mais elle avait un caractère très-faible, l'esprit enclin aux superstitions populaires, et une santé si délicate que la plus légère émotion lui devenait funeste. Quand sa petite fille fut couchée, la mère, qui jusque là s'était contrainte, laissa voir toute son inquiétude.

« Mon ami, dit-elle à son mari, qu'avez-vous ? Confiez-moi vos peines ! — Je n'ai rien, absolument rien, ma chère femme, allez vous reposer ; je veux prier Dieu. — Vous me trompez, vous me cachez quelque chose. — Non, tranquillisez-vous, laissez-moi prier. — Mais, depuis vingt ans que nous sommes ensemble, jamais vous n'êtes rentré le soir avec une figure aussi triste. J'en suis sûre, quelque malheur nous menace. — Non, vous dis-je, ce qui me préoccupe nous est tout-à-fait étranger. Vos questions me font mal; je vous en conjure, laissez-moi.—Ainsi, vous m'enlevez votre confiance?—Quel entêtement déraisonnable : d'un seul mot j'arrêterai votre curiosité. Apprenez qu'il s'agit d'une révélation faite au tribunal de la pénitence. — Je ne puis vous croire. Le secret d'un autre ne vous tourmenterait pas si vivement. Mais comment l'oubliai-je? c'est aujourd'hui lundi; ce jour est malheureux, et ce matin, en sortant, la première personne que j'ai rencontrée était en deuil. Quel sinistre présage! Ah! je n'en doute point, mon père est mort; je ne le verrai plus. »

Cette idée plongea subitement la pauvre femme dans un état voisin du désespoir; elle fit éclater les plus douloureux gémissemens. Rien ne pouvait la calmer; elle répétait sans cesse : « Mon père est mort, il est mort! » A chaque minute la crise devient plus violente. Tout à coup les larmes s'arrêtent; d'effrayantes convulsions leurs succèdent. A ce spectacle dé-

chirant le mari se trouble ; il redoute la pro-
longation d'une attaque qui peut être mortelle ;
enfin, profitant d'une faible relâche aux vives
souffrances de sa femme, le prêtre lui fait jurer
qu'elle gardera le plus profond silence sur le
mystère qu'il va lui révéler.... Elle s'engage ;
elle écoute, et le secret de la confession est
trahi.....

A peine le pope a-t-il parlé qu'il sent toute
l'énormité de sa faute. Les sermens réitérés de
sa femme n'ont pas le pouvoir de le rassurer.
Sa conscience l'accuse ; déjà il porte la peine
de sa trahison ; déjà un affreux pressentiment
remplit son ame d'épouvante.

Cependant la petite Arina, couchée dans une
chambre voisine, fut réveillée par les sanglots
de sa mère. Curieuse d'en connaître le motif,
elle s'était levée doucement, et, se plaçant derrière une porte vitrée un peu entr'ouverte, elle
avait entendu toute la confidence. Les détails
accessoires de ce récit furent écoutés avec la
distraction de son âge ; mais comme très-souvent on avait parlé de l'incendie du kabak
rouge, qu'elle connaissait, lorsque son père
dit qu'il avait été brûlé par la fille du général,

Arina devint très-attentive, et cette circonstance la frappa si vivement qu'elle resta gravée
dans sa mémoire. N'ignorant point qu'écouter
furtivement est une action répréhensible, elle
se promit de ne rien dire, regagna son lit, et
se rendormit bientôt.

La veille du jour de Pâques arriva; cette fête,
si solennelle dans toute la chrétienté, est célé-
brée par les Russes avec la pompe la plus remarquable : c'est le véritable jour de l'an. Alors
ils se félicitent mutuellement sur la résurrection
de notre Seigneur. On s'embrasse dans les rues,
on se visite, on se réjouit : on abjure ses ressentimens; on se fait des cadeaux, l'œuf de
Pâques est donné et rendu sous mille formes
variées. On voit des maîtres faire asseoir leurs
serviteurs au banquet de famille; les esclaves
embrassent leur seigneur, et le souverain lui-
même reçoit le baiser de ses sujets. Tous les
rangs se confondent et s'abaissent devant la
majesté de Dieu. Dans ce grand jour les Russes
semblent ne former qu'une seule et même famille!

La cérémonie de la résurrection est nocturne.
Le samedi-saint, à dix heures du soir, la popu-

lation se porte en foule dans les églises. Le général ***, père de Varinka, s'était déjà rendu
à la paroisse, accompagné des officiers de la
garnison, et précédé de ses gens en grande tenue. Sa fille était placée, ainsi que les premières
dames de la ville, auprès de la balustrade qui
ferme le chœur ; son père occupait l'autre côté
sur la même ligne ; la femme et la fille du pope
se trouvaient dans la foule, à peu de distance
de Varinka.

La nef du temple est encore plongée dans
l'obscurité ; les lampes d'or et d'argent jettent
quelques faibles rayons sur le tombeau du Christ,
placé à l'entrée du chœur, en face de la porte
sainte. Les chantres entonnent à demi-voix de
plaintives psalmodies. L'office qui précède la
messe touche à sa fin ; l'horloge de la paroisse
va sonner minuit. Les cloches de toutes les
églises, le canon des remparts attendent ce signal pour proclamer la résurrection. Déjà les
prêtres transportent silencieusement l'image de
Jésus-Christ derrière le sanctuaire. Déjà la nef,
subitement délivrée des ombres qui l'enve-
loppent, s'éclaire des milliers de bougies que
tous les fidèles ont dans leurs mains. Le pontife

va prononcer d'une voix éclatante le *Krestos-Voscrès ;* un silence religieux précède ce moment solennel.

Tout à coup la petite Arina, pressée d'un vif mouvement de curiosité, tâche de se faire jour à travers ceux qui lui cachent la cérémonie. Déjà elle atteignait les premiers rangs, lorsqu'un domestique du général, se sentant heurté par elle, la repousse durement, et, sans le vouloir, foule son pied avec tant de force que la pauvre enfant laisse échapper un cri aigu. Furieuse, hors d'elle-même, Arina dit, à très-haute voix : « Pourquoi me maltraiter de la sorte, est-ce parce que tu appartiens à la grande dame qui a brûlé le kabak rouge?... Le kabak rouge!!! »

A ces mots, tous les regards se portent vers Varinka, qui tombe sans connaissance sur le marbre du parvis. Les dernières paroles de l'enfant se répètent de bouche en bouche ; le général les entend. Une grande rumeur s'élève dans l'église ; on emporte Varinka. L'airain frappe la douzième heure, le canon se fait entendre, les cloches sonnent, et la cérémonie continue.

Le général, rempli d'inquiétudes, monta dans

la voiture qui ramenait sa fille ; on lui prodigua tous les soins. Au bout d'une heure, elle reprit ses sens. Alors, son père fait éloigner tout le monde, et fixant sur elle un regard sévère et pénétrant, lui demande l'explication de ce qu'il a vu, de ce qu'il a entendu : « Depuis longtems, dit-il, j'observe en vous quelque chose de mystérieux qui vous accuse. N'espérez plus me tromper ; je dois obtenir de vous une confiance sans bornes ; ce qui vient de se passer me donne le droit de l'exiger. »

Varinka, désespérée, sentit que désormais rien ne pouvait la soustraire à l'explication redoutable. Son secret venait d'être trahi par un scandale public, et un de ces coups du hasard, dont les hommes sont les instrumens, mais où l'on reconnaît la main vengeresse de la Providence. La feinte était aussi impossible qu'inutile. Vaincue par la fatalité, Varinka déclara tout, en remontant aux premières circonstances de sa liaison avec Fédor.

Le feu du ciel tombant aux pieds d'un homme sans le réduire en poussière, ne lui cause pas plus de stupeur que n'en éprouva le général en écoutant ce récit. Son noble front se couvrit de pâleur; il resta quelque tems comme anéanti par cette horrible confidence. Ce tissu de noirceurs, dont s'accusait une fille que jusqu'alors il croyait innocente et pure, s'offrit à lui comme un de ces rêves affreux qui tourmentent le repos des nuits : il voudrait repousser la funeste lumière; mais, trop sûr enfin de son malheur, il s'écria avec l'accent du désespoir : « Quoi ! je suis dés-- honoré par celle qui faisait tout le bonheur et la gloire de ma vie! Je trouve un cœur inhumain, une ame souillée de crimes dans mon enfant, dans l'unique objet de ma tendresse! Prêt à re-joindre mon Créateur, j'emporterai dans le tombeau la honte dont elle flétrit une famille honorable! Fille cruelle! est-ce donc de moi que tu tiens le jour? est ce ton angélique mère qui porta dans son sein un monstre tel que toi? Grand Dieu! et je ne vivais que pour elle!.... Mais comment détourner l'orage qui menace ta tête coupable? Bientôt la rumeur publique ins-truira le souverain de tes forfaits et de mon dés-honneur! Que dis-je? c'est moi-même qui dois faire le rapport au monarque; c'est moi qui dois accuser mon propre sang!.... Non, je ne le puis..... Mettez-vous à cette table; prenez la plume, et écrivez ce que je viens d'entendre, sans nul détour, sans aucune réticence ; je le veux, je l'ordonne. Celle dont la jeunesse fut une longue hypocrisie, sera condamnée à dire toute la vérité ; elle la dira à un juge sévère, à notre maître, à l'empereur ! »

Varinka, prosternée aux genoux de son père, pleurait amèrement : ces accens la pénétraient d'effroi ; il y a quelque chose de si redoutable dans le courroux d'un père. Elle n'ose lever les yeux sur cette figure bouleversée par l'indignation ! il lui semble qu'une éternelle malédiction plane déjà sur sa tête ; son supplice commence ! Tremblante, mais résignée, elle prend la plume, et va tracer son accusation.

Le général s'éloigna : retiré dans son cabinet, il mande le pope qui avait reçu la confession de sa fille. Ce dernier fit en gémissant l'aveu de sa faute ; il laissa éclater un repentir si vrai et si touchant, que le père de Varinka fut désarmé ; mais il n'était point en son pouvoir d'altérer les faits, ni de dérober le coupable à la sévérité de l'empereur.

Varinka, restée seule, continua d'écrire. Déjà le sentiment de terreur qu'elle avait éprouvé s'est affaibli; conservant dans l'acte de soumission qu'on exigeait d'elle, toute la hauteur de son caractère, elle s'accusa franchement, sans pallier les faits, sans solliciter l'indulgence, sans demander grâce.

Le lendemain, cet écrit, et le rapport particulier du général, furent expédiés à Saint-Pétersbourg par un courrier militaire. L'empereur Paul parut vivement frappé de la lettre de Varinka ; il transmit aussitôt ses ordres. On y reconnaîtra l'originalité du caractère de ce prince ; la décision impériale était conçue en ces termes :

« Le pope ayant violé ce qui doit rester inviolable, le secret de la confession, sera exilé en Sibérie, et déchu des fonctions du sacerdoce. Sa femme le suivra ; elle est coupable pour n'avoir pas respecté le caractère d'un ministre des autels ; la petite fille ne quittera point ses parens.

» Annouschka, la femme de chambre, ira également en Sibérie pour n'avoir point averti son maître de la conduite de sa fille.

» Je conserve au général toute mon estime ; je le plains et je m'afflige avec lui du coup mortel qui vient de le frapper.

» Quant à Varinka, je ne connais aucune peine qu’on puisse lui infliger. Je ne vois en elle que la fille d’un brave militaire, dont la vie fut toute consacrée au service de son pays. D’ailleurs, ce qu’il y a d’extraordinaire dans la découverte du crime semble placer la coupable hors des limites de ma sévérité; c’est elle-même que je charge de sa punition. Si j’ai bien compris ce caractère, s’il lui reste quelques sentimens de dignité, son cœur et ses remords lui traceront la route qu’elle doit suivre. »

Les ordres de l’empereur furent promptement exécutés. Le pope et sa famille partirent pour l’exil. Le surlendemain de l’arrivée du courrier, Varinka disparut; son père reçut une lettre touchante dans laquelle sa fille lui disait qu’accablée sous le poids de sa honte elle allait se retirer dans un couvent pour y pleurer sa vie, et mériter le pardon du ciel.

Le digne vieillard ne pouvant supporter la douleur ni l’isolement auquel cette séparation le condamnait, mourut au bout de trois mois.

Quatre ans après ces événemens, les cloches du monastère où s’était réfugiée la pénitente an-

noncèrent son trépas. Ses compagnes lui donnèrent des larmes. Varinka expira, soutenue et
consolée par cette religion divine dont sa jeunesse
avait méconnu la véritable puissance.

FIN DU TOME DEUXIÈME.

TABLE.

FIN DE LA TABLE DU TOME DEUXIÈME.